AF431235

9 789948 762966

اشتعالات الجسد الواحد

علي عمار محمد

اشتعالات الجسد الواحد

مسرحـــية

إصدارات دائرة الثقافة، حكومة الشارقة 2024 م

الناشر: دائرة الثقافة ـ حكومة الشارقة ـ الإمارات العربية المتحدة

الهاتف: +971 6 5123333

البرّاق: +971 6 5123303

الموقع الإليكتروني: www.sdc.gov.ae

البريد الإليكتروني: sdc@sdc.gov.ae

812.9565

م ع. ا   محمد، علي عمار

اشتعالات الجسد الواحد / علي عمار محمد.ـ الشارقة، الإمارات العربية المتحدة : دائرة الثقافة، 2024.

236 ص. ؛ 21X14 سم.

البحث الفائز بالمركز الثاني بجائزة الشارقة للإبداع العربي في مجال المسرحية ، الإصدار الأول، الدورة 27، 2024.

1. المسرحيات العربية ـ سوريا

2 ـ المسرحيات العربية

أ. العنوان

ب. جائزة الشارقة للإبداع العربي (27، 2024)

ISBN: 978-9948-762-966

إلى العبث..

سيّد الحياة القادمة.

النار ممتدةٌ

والسرير هو البطل.

النار..

تشتعل النار..

فيستعر الموقد، تصرخ اللوحة، وتغيب النافذة وراء صمت كئيب.

النار..

ما أفظع النار حين يُطرق الباب!

عندما تأتي الذكرى كأنّها شرر يفر سريعاً

كذبابة لاهبةٍ

لا تفهم،

بينما تنتهي،

لماذا كان عليها تحمّل ذلك؟

المكان: منزل بغرفة واحدة. إلى الوراء: جدار يتوسطه باب، على يمينه صورة ونافذة، على يساره ساعة متوقفة عند الرابعة. يتبدل مكان الصورة والساعة بين المشهد والمشهد، أحياناً لا. عند حافة المسرح تنتصب خمسة قضبان خشبية متباعدة. في اليمين: سرير خشبيّ صغير، قبعة صفراء مخبأة في خزنة وراء مرآة طولية كبيرة بجانب السرير. في الوسط: موقد نار، يتدلّى من أمامه مصباح إنارة أصفر.

عندما ينتهي المشهد بتلاشي الإضاءة، يخرج صوتٌ من مكان ما، أشبه بصوت آلة قديمة يُعَبر من خلالها عن لحظة التلاشي.

الزمان: حديثاً، ربما الآن.

الشّرر الأول - جريمة

تمهيد أوّل

(المسرح في ظلام شـديد. يُسدد فجأة شعاع نور في منتصف الخشبة وللأمام قليلاً. تظهر طاولة خشـبية، يجلس مـن حولها، وجهاً لوجه، رجل عجوز ومحقق بدين).

العجوز: (يقف والأصفاد تكبل مرفقيه. يشير إلى رأسه دون أن يرمش) سيدي.. هنا. هنا (يضرب رأسه، الأصفاد تقرقع) عندما أغمض تتبدل الأشياء فجأة. إنها تتحول وكأنها لم تكن قط، لست أفهم. أنا خائف! (ينظر نحو المحقق) هل تفهم؟

المحقق: (يمسك بقلمه ويهم بتدوين شيء ما) عليك أن تعترف!

العجوز: (يصرخ خائفاً) لا! أرجوك..

المحقق: ماذا هناك؟

العجوز: سأغمض! لا أستطيع الحفاظ على عينيّ وهما مفتوحتان لوقت طويل!

المحقق: جميعنا يفعل ذلك.

العجوز: (يبكي. يخبئ وجهه بيديه) لا!

(إطفاء)

صمت.

(إنارة)

(العجوز وحيداً، يقف وراء كرسيه ويداه حرتان).

العجوز: سيدي.. لقد قلت لك! هنا.. هنا.. أنا لا أفهم! أين أنت؟
سيدي؟ لا أحد يمكن له أن يفهم ما الذي يجري هنا،
في رأسي، عندما أغمض.. فإن عالمي يختفي، يندثر.
إنني تائه في خوفي. البحر يمتد من أمامي، البحر هو
دموعي، أيها المحقق، سأغرق فيه. جميعنا، سنغرق
أخيراً فيه.

(إطفاء)

تمهيد ثانٍ

(آدم، شــاب في أواخر العشرينات، نحيل وشاحب، يقف موليـاً ظهره للجمهـور يتأمل اللوحة المعلّقة على الجـدار، إطارها ذهبي وباهت، يحيط بصورة تعود لامرأة تبتسم ببرود، من خلفها يتمدد بستان فسيح. يجفـل. يرجــع للـوراء. عندما يصل إلى الحافة، يتمسّك بالقضبان الخشبية، مظهره يوحي بأنّه في سجن. يفنجر عينيه).

آدم: (هامساً) آلامي تكبر، إنها تتحول إلى وحش عملاق. الوحش جائع، والجوع خطير. الوحش خائف، والخوف مؤلم. إنه يتقدم.. أشعر بأنفاسه في داخلي وهي تأخذ زفيراً لبدء الحرب. إنه ينهشني من الداخل، ذلك الوحش العملاق، وإنني أحاربه، لكنني.. هل تفهمون؟ إنني أوشك على الاستسلام. سوف يأكلكم جميعاً. أما الآن، فسأغمض.

(يغمـض، وبينما يغيـب الضوء ويعـود الظلام – من مكان مجهول – تنطلـق معزوفة نوكتورن لشوبان، وتبقى تصدح حتى نهاية المسرحية).

المشهد الأول

(آدم نائم في سريره، هدوء ينتهي فجـأة عندما يُطرق الباب. الطرق سـريع، هادئ ومتقطع. يسـتيقظ مجفلاً، يحاول اسـتعادة وعيه. يقف ويُنصت للتأكد من أن الطرق حقيقي. يرتبك).

آدم: (خائفاً) من؟ (بحذر وبطء، يقترب من الباب. الطرق مستمر بينما يقف مقرّباً إحدى أذنيه لاستراق السمع. يتناهى إليه صوت أنفاس لاهثة. يكرر بتوتّر متصاعد: من هناك؟ (صمت قصير يقطعه صوت سعال جاف).

الصوت: (من الخارج) أرجوك! (يسعل).

آدم: (يرجع للوراء، يقف في المنتصف، تماماً أسفل مصباح الإنارة، وبصوت مرتجف) يا إلهي! (يركض باتجاه خزنة صغيرة خلف المرآة، يتأكد من أنها محكمة الإغلاق، يُرجعها. يعاود الاقتراب) من أنت؟

الصوت: إنني أموت. أرجوك! (يأخذ الطرق شكلاً عنيفاً) افتح حباً بأيّ إله تعبده!

(صمت)

آدم: هل تعرفني؟

الصوت: لا.

آدم: لا تعرف من أنا؟

الصوت: لا.

آدم: ولا حتى كيف أبدو؟

الصوت: (بنفاد صبر) هل يُفترض بي أن أعرف من أطلب منه مساعدتي كي لا أموت؟

آدم: ربما. كيف أساعدك وأنت لا تعرف من أكون؟

الصوت: (صارخاً) يا الله. افتح وإلا أصبحت جثة هامدة (صمت) إنني أنزف!

آدم: (ينظر عبر ثقب المفتاح. يهمس) لا أستطيع.

الصوت: ماذا تقول؟

آدم: (يرفع من نبرته) لا أستطيع!

الصوت: لماذا؟

آدم: لأنني خائف.

الصوت: مِمَّ؟

آدم: لم أفهم بعد، ولكنني أشعر بالخوف. أنت رجل غريب ومجهول، وفوق ذلك إنك لا تعرفني.

الصوت: يا سيدي، أقسم بأنني لن أسبب أيّة متاعب. أقسم بشرفي. أحتاج فقط أن تساعدني وتوقف سيلان الدم من جسدي. أتوسل إليك يا سيدي!

آدم: ولكنني.. أقصد.. أنا لست خائفاً منك.

الصوت: مِمَّ إذاً؟

آدم: إنّه الطرق. الطرق يخيفني. توقف عن فعل ذلك.

(يتوقف الطرق).

الصوت: هل ستنقذني؟ (يبكي) ساعدني.. لا أريد الآن أن أموت!

آدم: (بأسى) أنت تبكي؟

الصوت: جسدي ينزف، يا سيدي، وحياتي توشك على الانتهاء. أحس بالنهاية وأرتعد كأنني سأسقط في حفرة مظلمة.

(صمت)

ساعدني، أرجوك. أنا فقط أحتاج لفرصة صغيرة أعيش قليلاً بعدها. لا أريد أن أموت!

(صمت)

كيـف يمكن لإنســان مثلك التزام الصمـت وأمامه من يموت؟ لماذا ســكتّ؟ صمتك يجعل الشـرخ بيني وبين الموت ضئيلاً جداً، آه، يا سيدي، أنت تشترك في قتلي!

آدم: (يلمس حنجرته. يهمس) صوتي.

الصوت: صوتك؟

آدم: صوتي يرتجف، وهذا يحرجني. أقصد؛ الصمت أفضل حين يقوّض الخوف قلبي.

الصوت: اسمع. لو متُّ أمـام منزلك، أنت تعرف، الشرطة ستأتي، وسيشاهدون جثة. هل تفهم ما الذي يعنيه هذا؟

(صمت)

أرجوك!

(يفتح آدم الباب ويبتعد بسـرعة عنه. يدخل منه الرجل الغريب، يترنح وهو يتجه نحو السرير الذي يسقط عليه مثل وشـاح. الدماء تغطي ملابسـه. ينتفض آدم، يغلق البـاب وبدنه يرتجف ولا ينفـك أن ينظر نحو الغريب. يقترب منه، يرجع، يعاود الاقتراب، يرجع. يتتبع نقاط الدم التي سقطت أرضاً. يجثو والدهشة تتملكه).

آدم: (يصفع نفسه) شلال دم! (ينهض كأنه يختلج. يقترب منه بطريقة عشوائية) هل هنالك من يراقبك؟

الرجل: لا.

آدم: كيف عرفت ذلك؟

الرجل: (بانفعال) أقول لا. (يبكي) أنا عطشان، ماء.. أريد ماء! (يهرع آدم لجلب كوب من الماء. وبينما يقربه من فمه يحاول رفع رأس الغريب بيده الأخرى. يشرب) شكراً. (ينظر في وجهه، ثم في جرحه) هل تستطيع إيقاف تدفق الدم؟

آدم: (يتفحص مكان الجرح بعد رفع قميصه) حسناً، هذا جرح عميق في الخاصرة.

الرجل: حقاً؟ ظننته في رأسي!

آدم: لا أعتقد أنه قد وصل بأي شكل إلى الكلية. انظر (يشير بسبابته، يتأوه الرجل جراء الملامسة) عذراً!

الرجل: على مهلك يا أخي!

آدم: انظر (ينظر الغريب) السكين دخلت من هنا، ثم للأعلى، واخترقت الجلد. و.. حسناً، لا وقت لشرح الأمر. تمدد.

الرجل: (بسخرية وحزن في آن) أتراني مثلاً أقدّم وصلة رقص؟

آدم: (يمزّق قميصه وينزل بسرواله لأسفل) سأقوم بخياطة الجرح. ستتمكن من احتمال الألم، ها؟

الرجل: بسرعة، أرجوك. أكاد أغيب عن الوعي. دوار دوار. (ينظر نحو النافذة) هنالك شعاع ينطلق من النافذة، يا الله، أنا أموت.

آدم: (بينما يبحث عن خيط وإبرة) إنه الشروق أيها الجبان (يجد الخيط والإبرة. يقترب) جرح كهذا لا يقوى على قتل ذبابة صغيرة. إن لم تهدأ وتتحلَّ بالشجاعة فسأتركك حتى الصباح.. ماذا تقول؟

الرجل: (يهدأ) حسناً.

آدم: (يُقرب طرف اللحاف من فمه) عضه بأسنانك وحافظ على هدوئك وإلا شوهتك إبرتي! (يقرّب الإبرة من الجرح. يداه ترتجفان. يصرخ محتداً) اهدأ.

الرجل: (واللحاف في فمه) أنا لا أفعل شيئاً!

آدم: هذا يصيبني بالجنون! يا الله.. ما الذي أعمى بصيرته وجاء به إلى منزلي؟ (يصمت، ثم – بحذر وهدوء – يخيط الجرح).

(صمت)

آدم: لم أتخيل يوماً أن أرى جزءاً من مؤخرة أحدهم

وأنا أحيك خاصرته بإبرة كنت في الأمس أرتق بها جواربي!

(صمت. بينما يواصل الخياطة).

يقولـون إنّ الجو سـيظل بارداً طوال الشـهر. كم أكره الشتاء!

(الغريب يتأوه دون رد).

لقد طردوني من عملي. قالوا لي إنهم لا يرغبون بعمال كسـالى. ولكن، هـل أنا كسـول حقاً؟ يا إلهـي، الحياة صعبة. العالـم أصبح مؤذياً، الأطفـال يتألمون فيه، يا إلهـي! أنقذهم! لا يمكنني تصـور أن عالمنا الذي يعج بالمناظـر الجميلة، يعج أيضـاً بالخائفيـن والجائعين. الأطفال! يا ربي!

(صمت. يرفع آدم قميصه ويتأمل خاصرته، ثم خاصرة الغريب، فخاصرته، فخاصرة الغريب).

آدم: الحمد لله! (يتابع) ولكن (ينظر في عيني الغريب، ثم في خاصرته) لماذا تؤلمني خاصرتي؟

(بينما تتلاشـى الإضاءة، يقول آدم: أشـم رائحة قذرة. هل أطلقت ريحاً؟).

المشهد الثاني

(آدم أمام المرآة، يرفع قميصه متحسساً خاصرته عبر يديه وعينيه، ثم – بهدوء دراميّ – ينظر نحو الغريب النائم).

آدم: أنت تتحسن.

الرجل: (يستيقظ مجفلاً) ماذا؟

آدم: أنت تتحسن.

الرجل: (يزفر) أجل.

آدم: هل رأيت؟ لم تمت.

الرجل: حمداً لله.

آدم: (يقترب) إذاً، فقد أصبحت حالتك جيدة بما يكفي لكي أقوم باستجواب صغير معك.

الرجل: (يشيح بنظره) لا أملك ما يُقال.

آدم: (يجثو أمام السرير بوضعية تجعل وجهه قريباً من وجه الغريب) أنت تكذب.

الرجل: لم يحدث أي شيء.

آدم: (يمسكه من ذقنه ويرغمه على النظر مباشرة في عينيه) أنت تكذب.

(صمت)

لقـد أنقذتك وأصبح من واجبــي معرفة الأمر الذي دفع بك إلى هنا.

(صمت)

وأصبحتُ شــريكك في أي شــيء اقترفتـه. كما ترى، ليس هنالك ما يدعوك للقلق.

(صمت. الغريب يشيح بنظره بعيداً).

قد تشعر بتحسن ما لو تحدثت. هل تفهم؟ الأمور تصبح أسـهل حيـن نقولها، عندما نكسـر حاجـز كتمانها في أعماقنا.

(صمت)

أنت تكذب.. أليس كذلك؟

الرجل: أجل (يغطي وجهه بيديه).

آدم:	ماذا حدث؟

الرجل:	(يبكي) قتلت أحدهم.

(يطبق الصمت لثوانٍ، يبتعد آدم عنه كأنه يتمشى).

آدم:	كنت أعرف.

الرجل:	(ذاهلاً) كيف؟

آدم:	كان الأمر متوقعاً.

الرجل:	أي أمر؟

آدم:	أن وراءك جريمة، جريمة قتل أو سرقة.. لكن.. آه، فكرت: كم نذل ذلك الذي يطعن إنساناً لدرجة الموت، لمجرد أنه سرق شيئاً ما!.. وانتهيت لفكرة أن ما حدث هو القتل.

الرجل:	أجل، إنه القتل. ولكن.. أرجوك، لا تقل هذه الكلمة.

آدم:	أي كلمة؟

الرجل:	جريمة.

آدم:	آه.. جريمة!

الرجل:	أنا لست مجرماً.

آدم:	من يقتل فهو مجرم.

الرجل: (بانفعال) لا!

آدم: بلى.

الرجل: أقول لا. أجل، من يقوم بالقتل يصير مجرماً، ولكن فقط حين يكون القتل وسيلة للظفر بغايات قذرة. لم أطمح لغاية سوى تخليص العالم من مجرم وضيع.

آدم: القتل هو القتل، حتى ولو حطمت جمجمة أفعى تلتف حول عنق زوجتك التي تحبها. هل أنت متزوج؟

الرجل: لا. ولست مجرماً.

آدم: حقاً؟

الرجل: أجل. أنا لست مجرماً لأنني قتلت مجرماً.

آدم: بل إنك كذلك.

الرجل: يكفي أن أرى أني لست كذلك لأكون كذلك.

آدم: لا أحد يفكر بتلك الطريقة، أعني، لا يوجد مجرم واحد يقبل بلقب المجرم، بل يعيش مؤمناً بأن ما يفعله قد يخدم الإنسانية على نحو ما؛ ولذا فالعالم يشهد باستمرار على جرائم جديدة ولا عدَّ لها، فقط لأن الظلام يحول بين الإنسان وحقيقته. بين المجرم والصرخة الأخيرة للجسد الذي أصبح جثة بسببه. بين تلك «اللا» حين

28

تخرج من فم الضحية، وبين إقدامه المجنون على إنكار سماعها.

(قبل أن ينطلق الغريب بالرد، يقاطعه آدم).

آدم:		لماذا قتلته؟

الرجل:		(يغرق في تأمل سحريّ قصير. يبكي) كان يعنّف طفلاً مشرداً.

آدم:		طفل؟

الرجل:		طفل. تخيل؟

آدم:		ربما كان والده!

الرجل:		لا، هذا مستحيل، أعرف الرجل جيداً، إنه ثري، هل تفهم؟

آدم:		أجل (يتمتم) طفل! كان يعنفه؟ (يمشي نحو المرآة، يلمس وجهه في ذهول) طفل؟

الرجل:		(يغمض مبتسماً ابتسامة نصر) أجل.

آدم:		(يلمس المرآة) كيف كان يعنفه؟

الرجل:		ذلك المشهد! كم يؤلمني حين أتذكر كيف أمسكه من ياقته، كأنه حشرة، وراح يشده منها في حين كان الطفل

يطلق حشرجات مختنقة. قال له: يا بن الزانية، فبكى الطفل وصرخ: أمي ليست زانية! وبصق في وجهه. يا الله.. يا الله.. كدت أتفجر أمام رؤية وجهه البريء يُدهس بحذاء لامع جديد. أمك زانية، كان يقول. لقد زنيت بها. قد تكون ابني. وضحك. يا الله.. كان يضحك ويبدو لي، من بعيد، غولاً يأكل الطيبين.

(صمت)

الليل الأسود كان يبتلع ضوء القمـر، ودموع الطفل تتلألأ تحت الحذاء كأنها على وشـك إطلاق بريق ينير العالم.

(صمت. يجلس آدم أمام المرآة).

آدم: أكمل!

الرجل: كنت جالساً وراء شجرة كينا معمرة، ربما كانت كينا، أو لبلاب، لا أتذكر بالضبط شيئاً سوى أجيج أوراقها من فوقي حين دعوت كل آلهة الكون للتدخل وإنهاء هذا المشهد المؤذي، ولكنه استمر في تعذيبه ساعة كاملة. وخلالها، خلال ذلك الوقت القصير، كان الحقد في قلبي يستعر مثل بركان يتعدى جسدي آلاف المرات.

آدم: (يقاطعه. يتأمل يديه بحزن جليّ. يبكي) هذا مؤلم!

الرجل:	حين توقف عن فعل ذلك بسبب الإنهاك، جره نحو حاوية قمامة قريبة، وألقاه فيها. بعدها، بكل بساطة، نفض الغبار عن ثيابه، وتوجه إلى منزله.

آدم:	(ينهض مقترباً منه. متوتراً) وماذا بعد؟

الرجل:	تتبعته. شعرت بأنني خفيف كالريشة، أعدو خلفه كحصان يتلظى الجموح فيه لتحطيم أكبر حاجز في وجهه، لدرجة لم أفهم معها كيف أصبحت في منزله، لقد كان خاوياً وبارداً حتى شعرت بأنني عارٍ، أنني لست في منزل، بل حتى إنني غير حيّ.

آدم:	ومن يعيش مع مجرم كهذا؟!

الرجل:	اقتربت منه، وقبل أن يلتفت أطبقت يديّ على فمه ودفعت به نحو أول باب رأيته في وجهي، كان المطبخ، وأول ما وقعت عيني عليه هناك هو سكين طويلة وحادة، أمسكتها، ثم – بقوة خفية – غرزتها مرات ومرات في أمعائه. يا الله.. صرخت في وجهه الأصفر.. يا الله كم أنت قبيح. وبكيت. كنت أرى حبات الدمع وهي تنزل مني فترتطم بوجهه المائل المترنح.. ثم.. ثم.. لم أشعر إلا وخيط حرارة قد اخترق خاصرتي. تأوهت. رأيت دماً، فانكببت عليه مشوهاً ملامحه، ولم أعد – حتى أنا – أتمكن من التعرف عليه. وكما ترى

(يشير نحو قدميه) سرقت حذاءه.. سرقت كل ما في منزله من أموال، وخرجت إلى الطفل متمنياً رؤيته. وقفت أمام أحزانه الصغيرة والكبيرة، كانت آلامه تعبر جسدي وكأنني لست سوى خرقة بالية يمكن لأخف ضوء عبورها.

(صمت)

قلت له.. (يوشوشه) لقد انتقمت لك. ثم مددت يدي التي أحمل بها كيس الأموال. يا ويلي! يرتعش جلدي عندما أتذكـر كيـف قال لي بصـوت ناعم كالموت: شـكراً.. ولكن لا أريد مالاً. ورحل بعيداً. بعيداً جداً أيها الشاب. يا الله.. ما أقبح عالمنا!

آدم:	(يلتفت إليه) ماذا فعلت بالمال؟
الرجل:	رميته في حاوية القمامة.
آدم:	ثم؟
الرجل:	مضيت أبحث عن مساعدة. ثم.. أنت ترى.. ها أنا الآن هنا.

(صمت. الأعين تلتقي هنيهةً).

هل ستشي بي إلى السلطة؟

(تتلاشى الإضاءة).

المشهد الثالث

(في الغرفة. آدم أمام المرآة، يداه تتدليان ورأسه مائل، ينظر إلى ذاته بحزن وأسى. الغريب أقصى اليسار، يجلس أمام الموقد الذي يطلق ناراً لاهبة، يتأملها).

آدم: (يلتفت) سترحل؟

الرجل: (ساهماً في النار) أجل.

آدم: الجميع يرحلون.

الرجل: (يلتفت) شكراً لك أيها الطيب.

آدم: (للمرآة) الجميع يرحلون (صمت. آدم يقترب بتردد وبطء من الغريب الذي لا ينفك ينظر إلى النار طوال الحديث) هل تعرف؟

الرجل: لست أعرف.

آدم: عندما كنت تواصل الطرق على بابي، كنت خائفاً. لم

أخف من أنني قد أساعد مجرماً أو هارباً لو فتحت لك بقدر ما أخافني ذلك الطرق. أجل (يقترب من الباب. يلمسه) طرق الباب يحدث دوماً ولأي كان. ولكنك ـ أقصد أنا ـ ستخاف وأنت غارق في تخيل المصيبة التي دفعت أحدهم لفعل ذلك.

(صمت. يقترب من السرير، يلمسه بحنان).

هل تذكر؟ حين تمددتَ على سريري.

الرجل: أذكر جيداً، كنت..

آدم: (يقاطعه) حينها.. نظرت نحوي. لا.. لم تكن نظرة عادية. داهمني إحساس بأن الكون ـ عبر عينيك الدامعتين ـ ينظر إليّ ويرى وجهي الذي تآكل جراء الوحدة. كانت بشرتك تلمع وكأنما تنعكس عليها بحار كثيرة. بعدها، وأمام شعور عميق حتى اللحظة لم أستطع فهمه، قدرت بأنه ليس إلا إحساس عطف قذر؛ قررت مساعدتك.

(صمت)

الرجل: أنت طيب أيها الشاب.

آدم: (يجلس على زاوية سريره ويثبت نظره أرضاً) سوف ترحل وأنا يمزقني الحزن (يرفع رأسه ويراه) لقد أحببتك أيها الغريب. أحببتك وشعرت لأول مرة في حياتي بالرفقة خلال الأسبوع الذي عشت فيه معي

(يقف. كما يقف الغريب. بينما يقترب منه الغريب من الباب. يحتضنه من ظهره) لن أنسى ذلك، لن أنسى أنك آنستني في وحدتي وأجبرتني على الضحك خلال أوقات كادت تغلبني الكآبة فيها.

(يبتعدان. يفتح الغريب الباب، ينظر في عيني آدم).

الرجل: وداعاً.

آدم: عندما نقول وداعاً فنكون بذلك جادين بأمر الرحيل. أليس كذلك؟

(صمت)

الرجل: سأعود.

آدم: ستعود؟

الرجل: سأعود.

آدم: عدني بذلك.

الرجل: أعدك بذلك! (يغلق الباب).

(بينما تتلاشى الإضاءة، يقترب آدم من الموقد المستعر في الظلام. يصرخ فرحاً) سوف يعود أيتها النار! سوف يعود.. سوف يعود!
(تنطفئ النيران. يعم الظلام).

المشهد الرابع

(جيئــة وذهابــاً، يذرع آدم غرفته بفــرح واضح. يقفــز. الموقد خامد تماماً).

آدم: (يقف أسفل المصباح، ينظر إليه) يا إلهي ما أحلى الانتظار! ما أعذبك أيها الانتظار! (يدور حول نفسه) إيه.. أيها الوقوف الطويل، يا أعذب الأشياء التي يمكن لرجل مثلي أن يجربها. ها؟.. متى. متى سيتسنى لي سماع تلك الرنات. ذلك الفحيح الباطني لأخشاب بابي الجميل؟ (يقترب من الباب. يطرقه) أوه! (يغب شهيقاً طويلاً يعبر عن غبطته. يشم القبضة، يقبلها، يجلس متكئاً عليه) ما أحلاه من صوت!

(صمت. يتأمل الموقد. ملامح أسـى تسـيطر فجأة على وجهه. يمشي نحو السرير ويجلس في الزاوية التي تتيح لــه رؤيـة انعكاسـه على المرآة. يداه في حضنه، رأسـه منخفض) ولكن.. ماذا لو لم يعد؟ (بسرعة، يحول بصره

باتجـاه الباب) لو لم يطــرق بابي مرة أخرى! (يصرخ) أيها اليأس.. ما أقواها من أنياب! آه.. اليأس يخترق شيئاً مـا (يلمس صدره) شـيئاً هنـا. لا.. لا يا قلبـي الحبيب. أعرف. أعـرف (يطبطب على موضع القلب) أعرف.. لقد تأخر! ولكنه قال: أعدك بأن أعود. بأن آتي. بالطبع، لقد وعد بذلك ولا يمكن لرجل نبيل مثله أن يكذب.

(هدوء. صوت أقدام تقترب. يلتفت آدم نحو الباب).

الرجل: (بسعادة. من الخارج) لقد أتيت!

آدم: (يقفز لفتح الباب بعد إطلاق ضحكة مدوية. يفتحه، يبتعد قليلاً) هذا أنت. أجل أنت. اشتقت إليك يا رجل! (يضمه).

الرجل: شعرت بأنك تناديني.

آدم: (منفصلاً عنه) حقاً؟ وماذا قلت؟

الرجل: (يحرك يديه بعشوائية) كنت تقول: تعال. تعال. أرغب في الاستماع لحكاية جديدة!

آدم: أنت تعني.. أقصد (يصفق) تعال.. تعال.. اجلس هنا.

الرجل: (متوجهاً نحو السرير، يجلس. آدم يجلس بقربه).

آدم: قتل؟

الرجل: لا.

آدم: إذاً؟

الرجل: كوب ماء على الأقل!

آدم: (بينما يسكب كوب ماء) اعذرني يا سيدي. نسيت
في أوج حماستي واجب الترحيب والضيافة. تفضل.
اشرب (يجلس).

الرجل: (يشرب) الحمد لله.

آدم: ماذا قلت؟

الرجل: قطعت لساناً (يضحك) كان منظراً ساخراً لأبعد درجة!

آدم: لسان رجل؟

الرجل: بل امرأة.

آدم: (يمسك بلسانه. يتحدث وهو على هذا الحال) يا إلهي!
(يفلت لسانه) لماذا؟

الرجل: (يقف. يبدو جاداً) لأنها سخرت من امرأة أخرى. وهل
يحق لأي إنسان السخرية من غيره ولأي سبب؟

آدم: ممَّ سخرت؟

الرجل: من بدانتها.. تخيل؟

آدم: أوف! فقط لأنها بدينة؟

الرجل: فقط لأنها بدينة. لو سمع امرؤ غيري ما قالته لثارت
            حفيظته وفعل مثلما فعلت.

آدم: بل ربما أكثر!

الرجل: طبعاً. ولكنني اكتفيت بذلك. أقصد اللسان. يا الله. كانت
            تسخر من بدانتها موجهة نحوها ـ كالرصاص ـ أبشع
            الألفاظ، هكذا (يمثل أنه يحمل بندقية ويطلق منها)
            طاخ!... وبكت. لقد بكت الفتاة البدينة الطيبة ولم تتمكن
            من الرد عليها ولو بكلمة واحدة.

آدم: أبداً؟

الرجل: بالمرة! ولا حتى بنظرة. بكت فقط. أظن أن جبن
            الإنسان الأول قد سيطر عليها.. عندما فكر أن الظلام
            ـ كل يوم ـ سوف يبقى للأبد. محال!

آدم: (يصفق. يقترب منه وينحني مقبلاً يديه) يا سيدي، اسمح
            لي بتقبيل يديك النادرتين! أنت هي الحقيقة بذاتها، أنت
            أجمل إنسان على وجه الأرض، إنك نظيف، شجاع،
            وتسهم في تخليص العالم من الشر! كم أحبك! (يقف.
            يطوق رأسه بذراعيه، يبدو عليه أنه يتألم، أن شيئاً
            داخل رأسه يؤلمه. يتبدل حماسه وهو يشعل الموقد).

الرجل: (بدهشة) ما بك؟

| آدم: | (دون التفات) لا شيء. |

| الرجل: | ألست راغباً بمعرفة كيف وأين ومتى. |

| آدم: | (يقاطعه) لا. |

| الرجل: | (بانفعال هادئ) ولكن.. لماذا؟ |

آدم: (يشعل النار. يقف) بصراحة، أرّقني كثيراً المشهد الذي وصفته في أول مرة. الكوابيس ظلت تلاحقني لأيام طويلة. دم. بركة دم. بحر دم. سكاكين تطير وتهطل. طيور بأجنحة على هيئة سكاكين. كم تعذبت حتى انتهى هذا! (يشعر آدم بخيبة الغريب. يقترب منه. بلهجة عطف) لا أرغب في سماع كيف ومتى وأين، أقصد التفاصيل.. دعك منها فما أهتم به هو الشكل العام لما تفعله، كذا وكذا. فقط. لا حاجة لي بما هو أكثر أو أقل. هذا بالطبع ـ أنت تعرف ـ لا يغير أبداً من أنني أرغب دوماً في سماعك.

(صمت)

| الرجل: | كما تشاء (نحو الباب) سأذهب الآن. |

| آدم: | (يلحقه) ستعود.. أليس كذلك؟ |

| الرجل: | (يطبطب على كتفه ويومئ بالإيجاب). |

(تتلاشى الإضاءة).

المشهد الخامس

(آدم نائــم. صوت طرق عنيف وقهقهة تُسمع مـن الخارج. ينهض، يثب نحو الباب. يفتحه، يدخل الغريب بسـرعة والهياج يسـيطر على تحركاته ومشيته).

الرجل: رميته في النهر.

آدم: (يقدم له كوب ماء. يبتسم) ومن يكون؟

الرجل: (مبعداً الكوب عنه) طفل! (يضحك).

آدم: (تذبل ابتسامته. يرتبك) طفل؟

الرجل: أجل.. طفل! رميته في النهر. تماماً في النهر. لا بدّ بأن المياه قد جرفته نحو مكان بعيد.

آدم: (يسقط الكوب من يده، يتكسر. أمام المرآة، يلمس وجهه، ينحني. يصيح) لا!

الرجل: بل قل أجل! مرحى!

آدم: (ينظر إليه) ولكنه طفل.

الرجل: أجل.. لقد قلتَ هذا من قبل.

آدم: أنت فَرِح؟ أحقاً تشعر بالسعادة؟

الرجل: (يتنهد بميوعة) كثيراً.

آدم: سعادتك تغيظني.

الرجل: غريب!

آدم: (يصرخ مقترباً) إنه طفل. طفل. هل تفهم؟

الرجل: وإن كان.. لا فرق عندي.

آدم: وما الذي يمكن لطفل أن يفعله حتى يستحق هذا؟

الرجل: لقد آلم والدته حين قال لها بأنه يكرهها، بأنها أقبح أم
           على الإطلاق! كل ذلك لأنها لم تكن تملك مالاً يكفي
           لشراء لعبة له.

آدم: أيها الوضيع! (يهتاج. يقفز ويحاول خنق الغريب.
           الغريب يدافع عن نفسه. آدم يلكمه. الغريب يتأوه.
           يتعاركان لدقيقة حتى يسقط الغريب على الأرض
           ويتمدد آدم فوقه. يلهثان. آدم يصرخ) كان بإمكانك
           شراء اللعبة له.. وينتهي الأمر!

الرجل: لا. لا. لن يتوقف عن فعل ذلك ولو قمت بشراء اللعبة

له (يحاول تخليص نفسه من قبضات آدم. يفشل) صدقني.. سوف يؤذيها بأكثر من مجرد كلمة قاسية حين يكبر.

آدم: (يحتج) لا.

الرجل: سوف يهملها.

آدم: لا.

الرجل: وينساها.

آدم: لا (يبكي. يفلت الغريب الذي يثب واقفاً. آدم على الأرض، منهك القوى).

الرجل: سوف ينساها.. بلى.. في اللحظة التي تصبح فيها عجوزاً، ويصير شاباً قادراً على فعل كل شيء.

آدم: لا.. لا.. لا (يغلق أذنيه) هذا يؤلمني (يتلوى) يؤلمني كثيراً أن أتخيل براءته تغرق في ضحالة النهر.

الرجل: (يقترب منه. بصوت هادئ) صدقني.. فعلتُ ما يتوجب على أي إنسان فِعله في موقف كهذا.

آدم: (ينهض. ملامحه الغاضبة تفزع الغريب الذي يبتعد عنه. عيناه تقدحان شرراً. يلحق بالغريب. الغريب يهرب في أرجاء الغرفة من سبابة آدم الممدودة نحوه) أنت.. أنت مجرم فظيع!

الرجل: (بخيبة وغضب) الآن تقول هذا؟

آدم: أكرهك! الكره يبللني! (ينظر إلى سرواله المبلل).

الرجل: أنا لست مجرماً. لا.. لست مجرماً!

آدم: آه أيها القاتل الملعون لو عندي القدرة لقتلتك!

(يهدآن. صمت. كلاهما ساهم في الموقد).

قتلتَ طفلاً؟ طفلاً أيها المجنون! (يخفض من نبرته) لم يتمكن بعد من عيش الحياة واختبار لذتها. هكذا.. كأنك تنـــام.. تمنع الطفل من أن يصير شـــاباً (يواجهه بنظرة حادة) كيـــف تجرأت؟ (يقفز إليه، يدفـــع به نحو الباب. الغريب يمانع) كيف تجرأت!

الرجل: منافق (يحـــاول التملص من يديه اللتين تمسكان بقميصه) كنت مخدوعاً بك. أنت منافق كبير. أفلتني! (صمت) كيف كنت تفرح سابقاً والآن تهاجمني بكل هذا الغضب!

آدم: لأنك قتلت طفلاً (يفلته. يلمس جبهته) لا يمكنني تحمل الأمر ولا حتى تخيله! يا الله!

الرجل: الشر ليس يفرّق بين طفل وبالغ.

آدم: الشر لا يسكن الأطفال.

الرجل: بل يسكنهم. الشرور تخلق مع الإنسان، إنها فطرة. الشرير يولد شريراً، والطيب يولد ضعيفاً ومنبوذاً.

(صمت)

آدم: (بمرارة) خسرتك الآن!

الرجل: ماذا تعني؟

آدم: أعني.. خسرتك.. لا معنى لما قلته سوى أنني لا أريد أن أراك بعد الآن وحتى الأبد.

الرجل: (بلهجة غارقة في التحدي) هكذا إذاً؟

آدم: (يشير إلى الباب) اخرج وإلا قتلتك.

الرجل: ستعود وحيداً.

آدم: سأكون بأفضل حال.

الرجل: ستعود وحيداً، خاسراً، ومحاصراً بذكرياتك القديمة.

(يشيح آدم وجهه، يلقي إلى المرآة نظراته الحزينة. يمشي الغريب منكسراً ومتردداً نحو الباب. يعود. يتقدم. يحدق بآدم. يرحل أخيراً بعد صفع الباب بقوة ترعب آدم. الصدى يردد دوي الصفعة. تتلاشى الإضاءة).

الشّرر الثاني - الملل

المشهد الأول

(آدم واقفاً، وجهه مستدير ناحية النافذة. صوت مطر وبرق. يحوّل بصره نحو اللوحة. بينما تتلاشى الإضاءة يُسدد من الأعلى شعاع نور عليه، شعاع آخر على الصورة. يتردد ــ من مكان بعيد خلف الصورة ــ صوت أنثوي رقيق. يجفل. رأسه مائل وبصره مثبت في الصورة).

الصوت: وعاد الشرخ إلى قلبك المسكين.

آدم: أمي! (يركع كأنما يصلي) إنني أتعذب.

الصوت: وعاد الملل يا ولدي الحزين.

آدم: الملل.. أجل. أمي، ساعديني. فلتنقذني روحك التي تعيش هناك.. أنتِ لا تعرفين ما الذي يفعله الملل بإنسان وحيد (صمت. يضرب رأسه بعنف) آهِ لتلك الذكرى!

الصوت: حارق هو الملل.

آدم:	ودمـوي. دمـوي. كنتُ دومـاً مدفوعاً للقيام بأعمال جنونية لمجرد أن وطأة الملل ترزح تحت كل شبر من جسدي (يلمس وجهه) حارق هو الملل.

الصوت:	دموية هي اللحظات الموشاة بالملل.

آدم:	(يقف. يمشي باتجاه النافذة، يتبعه الشعاع. يتأمل) في الخارج يسكن المطر.

الصوت:	ولكنّ النيران تتلظى بقربك.

آدم:	(ينظر إلى الموقد. ثم إلى النافذة) الغيوم الداكنة تحجب الشمس.

الصوت:	الغروب مستمر في القلب الأسير.

آدم:	(يبتعد عن النافذة وكأنه خاف) الشروق.. ما أبعد الشروق!

الصوت:	انظر كيف تنام الطيور..

آدم:	إنها تموت.. أمي!

(إطفاء)

(صمت)

(إنارة)

(آدم أمام المرآة. يلمس وجهه. يقرب عينيه من صورته التي تنعكس على سطحها، يلمس الانعكاس. طرق ناعم على الباب. يقترب منه. يبدو قلقاً).

آدم: من هناك؟

(صمت)

آدم: هل من أحد هنا؟ (يردد الصدى كلمة «هنا» فيسدّ أذنيه كأنه يتألم. من وراء الباب تنطلق قهقهة شديدة الميوعة. الصوت غريب. غير مألوف).

آدم: (أذنه على الباب) أمي؟ (يتناهى صوت ساخر يقول: أيها الطفل الرضيع!

آدم: من تكون؟

الصوت: أي أحد.

آدم: أي أحد؟

الصوت: على الإطلاق!

آدم: وماذا تريد؟

الصوت: أن أراك. افتح (يخبط الباب. آدم ينتظر، ثم – بعد تردد – يفتحه على مصراعيه ويبتعد هارباً مقوضاً وجهه وحانياً جسده، مثل جنين. لا شيء يحدث. ينتصب.

ينظر نحو الباب ويرى فتاة تولي ظهرها له. ترتدي بذلة رقص صفراء مكللة بالخرز الذهبي، البذلة تخشخش وتلمع طوال الوقت).

آدم: أيتها السيدة؟ (يلتفت الجسد. الدهشة تسيطر عليه. يتأتئ) أنت مشوهة!

الراقصة: (تدخل بشكل استعراضي مبتذل. تتمايل مع كل خطوة. يرمقها بنظرة قصيرة ثم يقف أمام الصورة. يعاود النظر إليها، تبتسم وهي تمسك بمنديل أصفر، ترفعه قليلاً وتحركه طوال الوقت. تتأمل الراقصة جسدها) هل حقاً أبدو كذلك؟ (تقهقه).

آدم: (بقرف) ماذا تريدين؟

الراقصة: (تقترب مدوّرة شفتيها) قبلة أيها الوسيم!

آدم: لقد قلت، ماذا تريدين؟

الراقصة: (تقترب منه. يبتعد آدم. تقترب الراقصة.. آدم يبتعد. يواصلان ذلك أثناء الحديث) ولم كل هذه الجدية؟ ما بك؟ تعال! الكون يحتاج للقليل من الليونة!

آدم: هذا شذوذ وميوعة. ابتعدي! آه.

الراقصة: (ممثلة بأنها أصيبت في صدرها) آه.. كم توجعني سهام كلامك يا حبيبي! كن رحيماً بصدري المسطح!

آدم: (غاضباً. يستمر بالهرب) ما هذه السخافة يا بنت!

الراقصة: (باندفاع وعنف، ترفع سبابتها) لا تقل عني سخيفة.

آدم: بل أنت كذلك!

الراقصة: (تحكم قبضتها على عنق آدم. تصرخ) لا.. لست سخيفة (هامسة في أذنه) أنا جزء من العالم.

آدم: أنت نكرة.

الراقصة: منافق!

آدم: أنا؟

الراقصة: ومخادع مهووس (تطرحه أرضاً. تستعيد توازنها بعد العراك القصير وتعدل فستانها. يبتسم. تقترب من اللوحة. ينهض آدم).

آدم: ما سبب مجيئك إلى هنا؟

الراقصة: (تقوس خصرها. تتأمل الصورة) شيء ما.

آدم: ما هو؟ (ينفض ملابسه).

الراقصة: ثأر قديم.

آدم: ثأر؟

الراقصة: طبعاً. هل تفهم ما الذي يعنيه هذا؟

آدم: كيف يكون بيننا ثأر وأنا لم أرك طوال عمري!

الراقصة: لم ترني؟

آدم: أبداً.

الراقصة: تقول هذا ولا تفهم أنها المشكلة بحد ذاتها! أنك لم ترني (تقترب. تفتح ذراعيها) هل ترى؟ هي ذي مشكلتي. ثأري أنك لم ترني. لم تحاول ولو مرة منع نفسك عن مواصلة إنكاري (تصرخ) أنت! (تمسكه من شعره) جعلت مني.. آوه.. لا شيء! لا شيء يا ابن الكلب.. يا ابن الحرام..

آدم   أنت تخيفينني! لم كل هذا الغضب؟

الراقصة: لأنك لم تفهم ضرورتي. لقد حطمت كياني الرقيق وآذيت بفعلتك نفسك.

آدم: (بخوف) أنا لا أفهمك!

الراقصة: (تفلته. تبتعد) أنت لم تحاول أن تفهم.. هذا كل ما في الأمر (ترمي بمنديلها إلى آدم الذي ينحني أمامه، يجلس، يلتقطه ويقربه من أنفه).

(صمت)

آدم: (يشم المنديل) الرائحة!

الراقصة: هل هي مألوفة؟

آدم: لا.

الراقصة: إذاً؟

آدم: لا توجد رائحة! (الراقصة تزفر بخيبة. صمت) كيف وصلتَ إلى هنا؟

الراقصة: (تخرج من ثنية ثوبها مرآة صغيرة وأحمر شفاه، تتمرى وتحمر شفاهها) بطريقة ما (تُخرج نَظرة من حدود المرآة وتحدق بآدم مستمرة في تحمير شفاهها. يخرج اللون عن مساحة الفم ليطال سائر الوجه).

آدم: توقفي عن فعل هذا! إنك تثيرين اشمئزازي! (لا تبدي الراقصة أي رد فعل سوى الاستمرار بتمرير اللون حتى العنق) توقفي! (وصدرها المكشوف) توقفي! (وسرتها الظاهرة).

الراقصة: ما أفعله ليس من شأنك.

آدم: (مندفعاً نحوها) أقول توقفي وإلا!

الراقصة: (تتوقف) وإلا مـاذا؟ ستضربني؟ (تقوس خصرها ساخرة) هيا اضربني.

آدم: (يبدو حائراً) فقط توقفي!

الراقصة: ضعيف. أنت عاجز حتى عن طردي (يرجع آدم مبتعداً نحو الموقد، يرمي المنديل فيه، يحترق).

الراقصة: (فاتحة يديها، محدقة بأعلى، تدور) ألا أعجبك؟ أيها المريض. لا أعجبك وأنا أشعر بأنني أجمل الأشياء على وجه الأرض.. أجمل هـروب.. وأحلى أحلى التحولات!

آدم: (أقصى اليسار، يتوجه بنظره نحو البعيد) أنت أقبح شيء رأيته طوال حياتي.

الراقصة: (بحزن متصنع) ما أقسى سماع جملتك! (تضحك. تعلو ضحكتها تدريجياً لتصبح قهقهة عميقة) هراء! هراء أيها الضعيف. هنالك ما هو أقبح مني (تشير إلى آدم. تقترب منه كأنها تؤدي رقصة) أنت (تدور حوله. تتكلم بمزيج من السخرية والميوعة) أنت يا غالي. جئت لأقول لك: أكرهك. أنت قذر. مليء بالقيح. قلبك فحم متآكل وروحك جافة يفتتها الصدأ.

آدم: (بأسى وقلة حيلة) كفي عن هذا!

الراقصة: (نحو اللوحة. تتأملها) سأكف.. سأكف.. ولكن (تغمزه) هل ستحكي لي.. (تمسّد جسدها بيديها، خصرها، بطنها، فخذيها، تتأمل نفسها، ترقص وعيناها مثبتتان في آدم).

آدم: (بجموح، يندفع نحو الراقصة لإخراجها من غرفته)
طوال المدافعة تردد الراقصة: قل.. هيا.. كن شجاعاً
وقل! كيف؟ أبعد يديك عني.. آه.. الحمرة!

(الراقصة في الخارج، يدفع آدم الباب لإغلاقه. تحاول
منعه).

الراقصة: (تزأر) كيف قمت بذلك؟ (تبكي) اسمع.. هذا مؤلم!
كان مؤلماً ولا يزال. اسمع.. دعني أحكي.. عليك إيجاد
حل.. أنت..

(يغلق الباب. صمت. آدم يتهاوى. تتلاشى الإضاءة).

المشهد الثاني

(على طرف السرير وبمواجهة الموقد، يجلس آدم لافاً جسده بلحاف رقيق. يبدو متوعكاً).

آدم: برد. برد. يا إلهي! أيها الموقد اللعين.

(صمت)

لماذا أشـعر بالبـرد والنار تتقد فيك؟ (ينحني. يسـعل) أريد دواءً. أريد مساعدة.

(فجأة، يطرق الباب. يُسـمع من الخارج صوت شـيء ما يرمى أرضاً).

آدم: (من مكانه) من أنت؟

الصوت: (بسرور) وأخيراً.. هنالك من يسأل عن أي شيء!

آدم: (يصمت متنهداً).

الصوت: أنا عالم. سيدي، أرجو لو تكرمتم باستضافتي لبعض الوقت.

آدم: (يجول بنظره أرجاء الغرفة. صمت. يرتبك) ولكن.. لدي سرير واحد فقط.

الصوت: لن أنام. سأبقى لوقت قصير.. ربما ساعة. هل تمانع؟

(يقف مترنحاً ويخطو باتجاه الباب. يفتحه).

العالم: (من الخارج) أوه.. شكراً!

آدم: (متفحصاً) ما كل هذه الأكياس؟

العالم: (محاولاً رفع أحدها والدخول) ساعدني في إدخالها. (يساعده. يقف العالم، أسفل المصباح المتدلي بزي طبيب أصفر اللون، نظارة طبية وساعة يد. يمسح الغبار عنه، يبتسم ويمد يده للمصافحة) مرحباً.

آدم: (نحو السرير متجاهلاً يد العالم الممدودة) أنا مريض.. ساعدني. برد. برد. (يستلقي في نفس الزاوية مكوراً نفسه، مثل قنفذ. وجهه في جهة تسمح له برؤية العالم).

العالم: (يحرك يده الممدودة) لا وقت لهذا.. انظر. (يفرغ الأكياس أرضاً. آلاف الأوراق البيض تتناثر أمام الموقد. يركع، يبحث بينها عن شيء ما. يمسك بورقة،

يرفعها قليلاً محركاً نظارته ثم يقول: هي ذي. ويخطو باتجاه آدم).

العالم: كما ترى.. أنا عالم.

آدم: عالم؟

العالم: أجل! أنت تعرف.. إنني إنسان، الإنسان يفكر كثيراً.

آدم: هنالك من يفكرون قليلاً.

العالم: طبعاً.. كم أغبطهم!

آدم: (يتمتم) عالم!

العالم: لقد فكرت طويلاً، طويلاً جداً وبأمر وحيد.. هل تفهم؟ حين يفكر المرء بشيء ما طوال الوقت فإنه بذلك يصبح عالماً به. الفيزيائيون مثلاً، كانوا..

آدم: (يقاطعه) أنا مريض.. برد.

العالم: هذا ليس مهماً الآن.. انظر (يشير إلى الورقة التي يظهر أنها كانت مطوية. يفكها فتصبح كبيرة بحيث تغطي نصف جسده. يمسكها بيديه، أمام صدره وأسفل ذقنه، يواجهه بها. يبتسم) أنا عالم.. أترى؟

آدم: ما هذا؟

العالم: جسد. ألا ترى؟ أنا عالم!

آدم: أنا مريض. ساعدني.

العالم: هذا جسد بشري. إنه تحديداً جسم أنثى، ولأكون دقيقاً، فهو جسم امرأة تحترق.

آدم: (ملامح ثابتة وباردة).

العالم: منذ سنوات طويلة وأنا أحاول العثور على شكل علمي، دقيق، للكيفية التي يتحلل بها الجسد عند اشتعاله. أقصد: (يرمق اللوحة بنظرة خاطفة، يتحدث بسرعة وبنفس واحد مخيف) الجسد المشتعل الذي لم يكن يرغب بذلك ولكنه قرر هذا بناء على أن الحريق الذي عاشه أكبر من سخافة اشتعال صغير وأخير. نعم.. إنه جسد يحترق. يحترق حياً. (يقترب من آدم. ينحني) هل أنت بخير؟ آه (يهز رأسه) هذا غير مهم الآن.

آدم: أرجوك.. هذا يكفي.. إنني مريض (يلمس جبهته) ربما هي حمى!

العالم: (يتشمم الهواء باحثاً عبر أنفه عن رائحة ما) هل تشم؟

آدم: أشم ماذا؟

العالم: الرائحة!

آدم: لا توجد رائحة.

العالم: بلى.. ركز!

آدم: لا توجد رائحة.

العالم: هنالك رائحة شيء يشوى (يغمض. يبتسم. ينتشي).

آدم: هذا يكفي!

العالم: أستطيع تذكر هذه الرائحة حتى بعد أن أموت.

آدم: (يهتز غاضباً) توقف.

العالم: للرائحة تأثير سحري.. إنني أنتشي.. آه!

آدم: (يهب واقفاً. يرمي اللحاف بغضب. يصرخ) هذا يكفي!

العالم: (يتطلع إليه بإعجاب. يشير إليه بحركة غريبة) الله
           أكبر! هذا ممتاز.. إياك أن تتحرك.. قف مكانك (آدم
           مستغرباً، يتسمر مكانه. العالم يضع الورقة جانباً،
           يحمل المرآة ويضعها أمام آدم. يلتقط الورقة. يقف
           وراءه بحيث تنعكس صورته على المرآة خلف آدم.
           يمسك الورقة) انظر.. هل ترى؟

آدم: لا أرى شيئاً.

العالم: أنت تقف والحيرة تتغلغل فيك، تقف كما وقفت منذ
           سنوات.. عندما.. آه.. أنا.. أنا أنتشي!
           (صمت)

ركـز في الرسـم التوضيحـي وفكر: بعيـداً عن الألم،
يكون الذوبان تحت الملابس.. فالغليان.. فالتأوه العميق
جراء المعاناة!

آدم: (بصره مثبت في المرآة) هذا شنيع وقاسٍ!

العالم: إنه العلم!

آدم: (يتحرك وكأنما راودته فكرة) سيدي.. ألست عالماً؟

(صمت)

ماذا؟

العالم: (بتفاخر) بلى.. أنا عالم.

آدم: (يقترب منه) مؤكد أنك تحتاج لتجربة حقيقية لإكمال
نظريتك!

العالم: لا تذكرني.. هذا أشد ما أحتاجه حتى أنتهي من كل
شيء.

آدم: (يخطو للوراء. يفتح ذراعيه) احرقني إذاً!

(صمت)

آدم: أجل. احرقني. كرمى للعلم يا سيدي أهبك جسدي
وروحي وحياتي. هيا.. ما الذي تنتظره؟ احرقني..
افعل ما تشاء.

العالم: (يفكر) الآن؟

آدم: الآن.. (يهم بخلع ملابسه).

العالم: (يصرخ مرعوباً) لا.

آدم: ماذا؟

العالم: ابقَ بملابسك!

آدم: حسناً (نحو السرير، ينزع كل ما عليه ويرميه أرضاً، يجره إلى المنتصف أسفل المصباح. يتمدد عليه) هيا يا سيدي. اجلب حطبة من الموقد.. إنه خلفي.

العالم: (يقفز فرحاً) مرحى!

(تخفت الإنارة. لا ضوء يبقى سوى ضوء المصباح الخفيف بحيث يطلق نوراً بالكاد ينير جسد آدم وجزءاً من العالم الذي أخرج من قميصه ملقطاً، جلب به حطبة متوهجة. يقوض آدم وجهه، يرتجف. تهتز الجمرة في يد العالم. يبدأ آدم بالنواح بصوت مبحوح).

آدم: خلصني من هذا العذاب.. أيها العالم!

(يتردد العالم. تارة يقرب الجمرة وتارة يبعدها، في حين راح آدم – حين أحس بوهجها يختلج مصدراً أصواتاً غريبة).

آدم: آه.. إنني أحترق.. النيران.. النيران تأكل جسدي.

العالم: (يعيد الحطبة إلى الموقد. يعود النور كما كان) لا.. لا أستطيع.

آدم: (يبعد يديه عن وجهه. يتفحص جسده بلهفة ويتأكد من أنه سليم) لم تحرقني؟

العالم: للأسف.

آدم: أنا حي؟

العالم: أجل.

آدم: هذا مؤسف حقاً.

العالم: (بخيبة) ما أصعب أن يكون المرء عالماً.

آدم: يا إلهي.

العالم: سنين وأنا أراوح في حدود النقطة ذاتها. سنين وأنا في مكاني (يضرب رأسه) ضاع عمري.. ضاعت سنيني ولم أصل (يستمر بضرب رأسه وهو يخرج. لا يزال آدم ممدداً) ولن أصل.. لن أنهي أي شيء.. ولن أنسى يوماً أنني عرفت.. عرفت أشياء كثيرة (يتلاشى صوته. تتلاشى الإضاءة).

المشهد الثالث

(كل شـــيء في مكانه: المرآة، السـرير، وآدم ملتف باللحاف ويجلس على طرفه مقابل الموقد).

آدم: برد.. برد.. أنا بردان وخائف.

الصوت: لا تخف.. بني!

آدم: (مخاطباً اللوحة) أمي.. هل سأموت؟

الصوت: كن مطمئناً.

آدم: أنا خائف.

الصوت: لا تخف.

آدم: بردان.

الصوت: الشمس.

آدم: (يحيل بصره ناحية النافذة) ما أبعد الشمس!

الصوت: توهج بعيداً.

آدم: بعيداً.

الصوت: الطيور نائمة.

آدم: ميتة.

الصوت: نائمة.

آدم: نائمة.

الصوت: والأشجار!

آدم: يابسة.

الصوت: والشروق!

آدم: في سفر طويل.

الصوت: يسافر الشروق.

آدم: كأنه في حقيبة.

(صمت. يُطرق الباب).

آدم: أنا خائف يا أمي.

الصوت: لا تخف.

آدم: قولي لي ماذا أفعل؟

الصوت: انهض وافتحه.. لربما النور يكون هناك.

(ينهض والإعياء بادٍ عليه. يفتح الباب. يدخل منه رجل غريب يحمل حبلاً طويلاً أصفر اللون. يدخل دون إلقاء نظرة على أي شيء، فقط يجلس أرضاً أسفل المصباح ويقيس الحبل ثم يحاول ربطه من مكان ما).

آدم: (منحنياً إليه) أنت النور؟

النور: لا.

(يقترب آدم من اللوحة، يهز رأسه كأنما يسألها. يعود).

آدم: بلى.. أنت النور.

النور: (يصرخ) لا!

آدم: من أنت إذاً؟

النور: لا أحد.

آدم: لا أحد؟

النور: لا أحد.

آدم: (يقترب أكثر. يرمي اللحاف) ماذا تفعل؟

النور: ألا يوجد في سقف هذه الغرفة النتنة علّاقة ما؟

آدم: علاقة؟

النور:	أريد تعليق الحبل فيها.

آدم:	(مشيراً إلى السقف) يوجد واحدة هناك.

النور:	هل هي متينة؟

آدم:	أعتقد أنها متينة.

النور:	جيد (يواصل قياس وربط الحبل).

آدم:	ماذا تفعل؟

النور:	أحيك مشنقة.

آدم:	(يجلس بجانبه) لمن المشنقة؟ أعتقد بأن العلاقة متينة هناك (ينظر إلى السقف).

النور:	(متفرساً وجه آدم) لي.

آدم:	كم هي جميلة! دعني ألمسها. أظن أن العلاقة متينة في الأعلى.

(صمت)

أنت النور.. أليس كذلك؟

(صمت)

لا تكذب!

النور:	كف عن التحامق (يواصل عمله).

آدم: (ينهض متجهاً نحو المرآة. يسرع. يتأمل وجهه كأنما يراه لأول مرة. يتأمله ثم يتأمل النور، يتأمله ثم النور.. هكذا.. يواصل هذا ثم يتوقف).

آدم: كيف أصبحت هنا؟

النور: (تغرورق عيناه بالدموع. يغص بالكلام) إنه الألم!

آدم: (يرتبك) أقصد.. عذراً.. كنت أعني.. كيف وصلت إلى هنا.. إلى هذا المكان.. غرفتي.

النور: (تتبدل ملامحه إلى الغضب. يكز على أسنانه ويصرخ واقفاً) كلاب.. كلكم كلاب.

آدم: (يقترب) أنت النور؟

النور: جميعكم لا يشغلكم حالي! يا ربي!

آدم: إنك غاضب، هذا مضر بالصحة! سمعتهم يقولون..

النور: (يقاطعه) لطالما انتظرت أحداً.. أي أحد.. شخصاً وحيداً يسألني بجدية وحميمية عن حالي.. يقول لي: توقف! لا تفعل هذا بنفسك.

آدم: (يقبله. يحتضنه. يبتسم) أنت النور.

النور: (يدفعه بقوة. يسقط آدم) توقف. توقف عن التغالي (يبتعد قليلاً عنه متأملاً المشنقة) فقط شخص وحيد

73

(يتطلع نحو آدم) على أحدكم قول هذا!

آدم: (ينهض. يقترب) لا عليك.

النور: الملل (يشير إلى رأسه).

آدم: الملل! ما به؟

النور: إنه يعيش هنا.. داخل رأسي!

آدم: الرقص جيد لدفع الملل بعيداً.

النور: هل أنت مهرج؟

آدم: لا.. كنت أعني.. ربما من الهين أن تكون مهرجاً على أن يدفعك الملل للتفكير بأمور حدثت في الماضي.

النور: لقد تجاوزت كل هذا.

آدم: ماذا تعني؟

النور: جربت كل شيء.

آدم: كل شيء؟

النور: بقي فقط أن أجرب آخر الأشياء.

آدم: (ينظر ناحية الجمهور) آخر الأشياء! النهاية!

النور: (يمد بالحبل المربوط إليه) أمسك.. علقه لي.

آدم: (متأملاً السقف. يفكر) لكنني أخاف من الأماكن العالية!

النور: آتني إذاً بشيء أقف عليه لأطال السقف.

آدم: لا يوجد شيء.

النور: كرسي.. طاولة.. صندوق؟

آدم: صندوق! لا.. هاك جسدي! (ينحني. يقترب مشيراً إلى ظهره) اصعد على أكتافي.

(صمت قصير. يحاول النور الصعود على أكتافه، ينجح بعد محاولات عدة. يبدأ بتعليق المشنقة).

النور: ارتفع أكثر!

آدم: (يلهث) لا أستطيع.

النور: جرب أن تقف على رؤوس أصابعك!

آدم: هكذا؟

النور: أعلى قليلاً.

آدم: هكذا؟

النور: رائع!

آدم: هل نجحت؟

النور: أجل.

آدم: (ينزله عن أكتافه. يتأمل المشنقة الصفراء المتدلية) ما أحلاها!

النور: ما بك؟ لماذا أنزلتني؟

آدم: ماذا؟

النور: ماذا بشأن ماذا؟

آدم: لا أعرف.

النور: لم ننتهِ!

آدم: ظننتنا انتهينا!

النور: لم ننتهِ.

آدم: قل لي ما عليّ فعله.

النور: ارفعني مجدداً.

(ينحني آدم. يحاول النور تسلق أكتافه حتى ينجح).

آدم: حسناً؟

النور: (يتأمل المشنقة. يلمسها. يشمها).

آدم: والآن؟

النور: انتظر (يلف الحبل على عنقه).

آدم: لقد تعبت!

النور: (يحكم الحبل) انتظر.

آدم: (مبتسماً) النور يشنق نفسه! أنا أشنق النور.. النور على كتفي.. آه آه.

النور: حسناً.. انتهيت.

آدم: متى؟

النور: متى ماذا؟

آدم: متى انتهيت؟

النور: الآن!

آدم: كيف ينتهي المرء الآن؟

النور: ماذا تقول؟

آدم: أقصد.. كيف.. مثلاً.. لو انتهيت أنا لما أمكنني قول كلمة «الآن» لأنني سأكون منتهياً!

النور: (يضربه على رأسه) انتهيت من تعليق المشنقة يا أهبل!

آدم: حقاً؟ متى؟

النور: الآن!

آدم: والآن؟

النور: ستنزلق من تحتي. كن حذراً.. انزلق بسرعة واترك
              جسدي يتدلى. إياك وإنقاذي!

آدم: أنا إنسان يا سيدي!

النور: لو عشت بعد كل ما جرى بسببك فأول ما سأفعله هو
              قتلك!

آدم: أنا خائف.

النور: لا تخف.

آدم: ستشرق الشمس؟

النور: (ينظر إلى النافذة) لا أظن.

آدم: أما زالت بعيدة؟

النور: جداً.

آدم: والطيور؟

النور: إنها نائمة الآن.

آدم: ميتة؟

النور: نائمة.

آدم: أنا لا أسمعك!

النور: (يصرخ) نائمة.

آدم: غائمة!

النور: (بنفاد صبر) ميتة.

آدم: آه.. إنه العمر!

النور: أعمارنا تنتهي سريعاً.

آدم: دون أن نفهم كيف مر ذلك الوقت كله.

النور: أجل.

آدم: ماذا عن الشروق؟

النور: الغروب مستمر ربما لوقت طويل.

آدم: إنه ذنب الشمس حين تكون بعيدة.

(صمت)

النور: (يتجهم وجهه. يبدو حزيناً. يبكي) لماذا فعلت ذلك؟

آدم: لم أفعل شيئاً.

النور: بلى (ينظر باتجاه اللوحة).

آدم: لم أفعل شيئاً يا سيدي.

النور: 	النار.. النار هي من فعلت.. ولكنك..

آدم: 	(يصرخ) لم أفعل أي شيء.. أنا لست مجرماً.

	(صمت)

النور: 	(يبكي) لماذا؟ لماذا؟

آدم: 	أنا لا أتذكر.. لقد كنت طفلاً.

النور: 	طفلاً؟

آدم: 	أجل.

النور: 	والآن؟

آدم: 	والآن.. آه.. لا أعرف.

النور: 	قلت إنك إنسان!

آدم: 	أحياناً أكون إنساناً.

النور: 	وماذا عن بقية الأحيان؟

آدم: 	لا أعرف.

النور: 	تصير مجرماً.

آدم: 	توقف عن قول هذا!

النور: 	مجر..

(فجــأة، وقبل انطلاق النور بالرد، ينزلق آدم بســرعة مــن تحته. وبينما تتلاشــى الإضاءة يــردد آدم بصوت ضاحك وعالٍ: شــنقت النور.. النور مات! أيها النور.. أيتها الظلمة.. أيها الليل.. أأنت هو النور؟).

الشّرر الثالث – اللقاء

(حديقــة داخل الغرفة. الأشـياء فـي مكانها تقريباً: السـرير، المرآة، الموقد واللوحة التي تصير شبه مائلة. في المنتصف؛ أسفل المصباح: مقعد خشـبي، عن يمينه عمود إنارة بطلاء أسـود. فوق الموقد، تماماً فوقـه، تنتصب شـجرة كينا ضخمـة بأوراق صفراء. هنالك أشـجار صفـراء صغيرة وموزعة: واحدة على السـرير، أخرى أمام المرآة، وواحدة معلقة عكسـياً من السـقف فوق اللوحة. عشب. بعض الورود الصفراء. الوقت: فجراً. يجلس آدم إلى يسار المقعد).

(وقـع أقـدام بعيد. يقترب. يثير الفضول آدم. يحـاول – دون الوقوف – البحـث بعينيـه وأذنيه عن مصدر الصوت. فجـأة يظهر من وراء المـرآة رجل عجوز، هو ذاته الذي ظهر في البداية، يمر من أمام آدم بلا اكتراث).

آدم: سيدي؟

العجوز: (يقف. يستدير ببطء) ماذا!

آدم: هل أنت حقيقي؟

العجوز: (يحيط أذنه بيده، يرفع صوته) ماذا تقول؟

آدم: كم الساعة؟

العجوز: ماذا؟

آدم: (بصوت عالٍ) كم الساعة؟

العجوز: باعة؟ لا يوجد باعة هنا!.. انتظر حتى الصباح.. يأتون باكراً..

آدم: (يقاطعه مشيراً إلى يده) الساعة يا سيدي.. كم؟

العجوز: (ضاحكاً) عذراً يا بني.. إنه العمر! يمر سريعاً ويسرق كل شيء!.. الساعة (ينظر إلى معصمه. لا توجد ساعة) الساعة الآن هي الرابعة فجراً. هل تعاني من شيء ما؟ أنت جائع؟ أملك في جيبي..

آدم: (يقاطعه نافياً بإيماءة بكلتا يديه) لا.. لا.. شكراً (يبتسم. العجوز يرحل. تختفي الإضاءة فجأة ويبقى ضوء المصباح الشاحب).

آدم: (للأرض) الرابعة فجراً (شهيق) إنها الرابعة (للسماء. يبتسم متنهداً) يا إلهي.. تلك الأيام! (يغمض. بأسى) لقد انتهت كلها (يلمس بيده المكان الفارغ من المقعد) هنا. كانت تجلس هنا أيتها الوحدة، وكانت تبتسم حتى عندما تبكي.
(صمت) يئنّ.

هل تذكرنا أيها الخشبي الصامت؟ حين كنا نهرب زحفاً من وراء التلال إليك؟

هـل تذكرها؟ أما زالت تأتـي؟ (ينحني. يهمس للمقعد) لقـد وعدتنـي – عندمـا كنـت أقبلها أول مـرة – بأنها سوف تأتي للأبد ولو لم أعد يوماً لرؤيتها (يتأمل يديه) حرارة الحب كانت الشـيء الوحيد الـذي يدفعنا للقاء، للملامسـة، للاسـتمرار بذلك الغرق ذو اللذة الوحشية (يلمـس وجهه، ثم صـدره) حتى نبعد عنا بـرد العالم وكأننـا نواجه أعاصيره بجسدين رقيقيـن أمكن لأية نسمة أن تطيّرهما بعيداً.. بعيداً جداً..

(فجأة، يتناهى من مكان ما صوتٌ أنثوي غاضب).

الصوت:	بعيداً أيها الكاذب؟ (بحنق وغصة) بعيداً؟
آدم:	(وجهه للأرض، صوته حزين) ردينة!
ردينة:	لم أعد ردينة.. تلك الحيوانة التي تصدق كل ما تقوله.
آدم:	وربما أنا (يبكي) لم أعد كذلك (يرتبك) لم أعد أعرف إن كان عليّ أن أصدقني أم لا.
ردينة:	أصبحتَ كذّاباً.. يا للعار!
آدم:	كنت صادقاً.

ردينة: (تصرخ) كاذب!

آدم: أنا؟ (يتأمل الفراغ أمامه).

ردينة: جعلتني أحلم، صدقتك، غرقت في خيالاتك، آه.. كم
               قلت لك: لا أريد أن أحلم، الأحلام ذنب قد لا تغفره
               الحياة لفتاة مثلي.. وكم قلتَ (بلهجة ساخرة) ردينة..
               حبيبتي.. احلمي.. احلمي.. وماذا بعد؟ ما الذي نلتُه من
               الأحلام؟

آدم: الأحلام ليست ذنوباً.. كنت صادقاً عندما قلت هذا.

ردينة: كنت؟ كنت؟.. أنت محض كذبة أمكن لها في يوم ما
               سرقة جسد وصوت.. أنت وهم.

آدم: ولكن.. أحياناً.. أحس بأنني موجود.. أنني حقيقي..
               أذكر.. آخر مرة كنت كذلك.. كنت معك.. معك ردينة.

ردينة: (تسخر) الأحلام ردينة.. الأحلام.

آدم: بماذا حلمتِ؟

ردينة: هذا أمر يخصني وحدي.

آدم: أرجوك.. لا تظلميني.

ردينة: (بجفاء) لماذا عدت؟

آدم: لا أعرف.

ردينة: لا تعرف!

آدم: أنا هنا.. لا أذكر كيف.. أو متى (يمسك برأسه) لا أعرف!

ردينة: تقضي سنينك وأنت لا تعرف شيئاً.. يا لها من حياة! (تبكي. صوت نشيجها يقترب).

آدم: (يلتفت إلى مصدر الصوت، وراء الشجرة) أنت بعيدة.

(صمت)

بعيدة.

(صمت)

اقتربي.. لماذا لا تقتربي؟

ردينة: يع!

آدم: ما معنى «يع»؟

ردينة: يعني.. سجل عندك.. (تتحدث ببطء شديد) لا.. أريد.. رؤية.. وجهك.. المقرف.

آدم: ولكن.. يعني.. أنتِ.. من هناك.. ألست ترينني؟

ردينة: (تتلكأ) أنا؟ لا.

آدم:	لا؟

ردينة:	لا أراك.

آدم:	شجرة الكينا (كأنما يتذكر) شجرة الكينا.. الكينا (يعصر رأسه) الكينا.. يا إلهي.

ردينة:	لبلاب.

آدم:	(يتفحص الشجرة) بل كينا.

ردينة:	لبلاب!

آدم:	ردينة.. اقتربي.. أتوسل إليك!

ردينة:	ضعيف!

آدم:	أنا؟

ردينة:	لا تستطيع حتى أن تنهض.

آدم:	(يحاول النهوض، لا يستطيع، جسمه مثبت بالمقعد) لا أستطيع.. حقاً أنا لا أستطيع.. ولكن.. لماذا عليّ أن أنهض؟

(صمت)

ربما.. ربما هكذا أفضل. أقصد.. أن أكون عاجزاً.. أو.. لا أعرف.. ولكن.. ولم أنهض؟

ردينة: بغل.. بغل.. للبحث عني أيها الجبان!

آدم: أنتِ هنا.. آه.. يؤلمني البحث واكتشاف أنك لست حقيقية.. أن صوتك ليس سوى وهم (يصرخ ملء صوته، بجسد متشنج) ليس سوى خيال.. ردينة.

(تخرج ردينة من وراء الشجرة فتهتز أوراقها قليلاً. تلبس فستاناً لامعاً مطرزاً باللؤلؤ، فضفاضاً وأبيض، مثل عروس. تنهره واضعة يدها على خصرها المقوس) وماذا عن الآن؟

آدم: (ينهض هلعاً. يفرك عينيه بقوة. يمشي نحوها) لقد زاد وزنك.. ردينة!

ردينة: حقاً؟ (تتأمل جسدها بهلع).

آدم: أجل.. بطنك.

ردينة: يا إلهي!

آدم: صدرك (يحاول لمسه).

ردينة: (تبتعد عنه بغضب) إياك ولمسي مرة أخرى! (نحو المقعد، تجلس).

آدم: (يقترب. ينحني) أنت تبكين؟

ردينة: لماذا رحلت؟

آدم: لم أرحل.

ردينة: بلى رحلت.

آدم: لم أرحل!

ردينة: (ساخرة. تحرك يديها تعبيراً عن كوميديا الموقف) أليس رحيلاً حين يغيب المرء عن الفتاة التي بلل دنياها بكلمة: أحبك. أعشقك. مفتون بك! آه.. ما أسوأ حظي! (تصفع وجهها) ما أغباكِ يا بنت!

آدم: (يجلس بجانبها. نظره مثبت في الأرض ويداه تتدليان) لم أرحل.

ردينة: (غاضبة) كفاك تكرّر الجملة ذاتها.. كفى.

آدم: ماذا أقول؟

ردينة: الحقيقة.

(تتلاقى الأعين. الحزن يغطي ملامحهما).

آدم: الحقيقة أنني لم أرحل.. كنت مجبراً.

ردينة: يعني رحلت نهاية الأمر؟

آدم: كنت مجبراً.

ردينة: ديباجة الرجال المعهودة. حسناً أيها المجبر... ما الذي أجبرك؟

آدم: أشياء كثيرة.. يا ربي.. عيناكِ!

ردينة: (تندفع. تشده من قميصه. تهزه. لا يبدي آدم أي رد فعل) تكلم.. تكلم يا مخبول (باكية) الناس ابتلعت وجهي منذ رحلت. الجميع يقول: ردينة الخياطة فُكَّت بكارتها وغاب من كان يعدها كذباً.. كذباً أيها الكاذب.. بالزواج!

آدم: ولكنني..

ردينة: ولكنك؟

آدم: لقد نسيت.

ردينة: نسيت ماذا؟

آدم: شيء كنت سأقوله.

ردينة: ولكنك لم تفض ..... أهذا ما ستقوله؟

آدم: (يومئ).

ردينة: حسناً.. من يقنع أولئك المخبولين، المصابين بعدوى الملل، الذين يتخيلون البنت تتأوه حين تختفي وراء شجرة من أجل الإمساك بيد من تحب؟ من يقنعهم بأنها لم تفعل ما هو أكثر من ذلك؟ أجبني؟

آدم: إنك تخنقينني.

ردينة: وأنت.. وأنت تخنقني!

آدم: (يبكي) لم أفعل شيئاً.

ردينة: ألا يكفي أن يقترف الإنسان رحيله حتى يكون قد قام بكل شيء؟ دمرتني يا رجل!

(صمت)

دمرت سمعتي وحياتي بحبك اليابس.

(صمت)

إنني أموت من الوحدة والعار الذي يُحكى عني كل دقيقة!

آدم: (يبعد يديها عن قميصه. يتعاركان. يصرخ) كنت مجبراً.. مجبراً.. صدقيني!

ردينة: (يستمر العراك) أنت مجرم وضيع.

آدم: لست مجرماً.. لست.. لا (يتهاوى. يخبئ وجهه بيديه ويغرق بالنشيج).

ردينة: (تهدأ. تقترب) طيب.. اهدأ (تلمس ظهره).

آدم: (باكياً) أنا لست مجرماً.

ردينة: حسناً.

(صمت)

ماذا حدث؟

آدم: (يمسح وجهه. ينهض. تنهض ردينة. يمشي لأقصى اليسار. تمشي لأقصى اليمين. ينظر كل منهما نحو مكان بعيد) ردينة..

ردينة: آدم..

آدم: لقد كان ذنباً أن أحببتك وقلبي غارق بالأسى.

ردينة: أما أنا فقلبي كان غارقاً بالنعيم!

آدم: ردينة.. ما حاجتك لفهم ما حدث وأنا هنا؟ (يقترب بحماسة) فلنهرب بعيداً عن عالمنا هذا!

ردينة: (تضحك. تقاطعه) بعيداً عن ماذا؟

آدم: عن العالم!

ردينة: تأخرت كثيراً.. كثيراً.

آدم: ما زال أمامنا الوقت، إنها الرابعة!

ردينة: أي وقت؟ انظر جيداً (تشير للأمام. نحو مكان فارغ بعيد) أمامنا السهام والحفر.. ليس إلا.

آدم: لا تقولي هذا.. أتوسل إليك!

رﺪﻳﻨﺔ: (ﺗﻘﺘﺮب) ﻟﻘﺪ ﺗﺰوﺟﺖ.. ﺗﺰوﺟﺖ.. ﻫﻞ ﺗﻔﻬﻢ؟

آدم: (ﺑﺎﻧﻔﻌﺎل ﺣﺰﻳﻦ) ﺗﺰوﺟﺖِ؟

رﺪﻳﻨﺔ: أﺟﻞ (ﺗﺒﺘﺴﻢ ﺑﺜﻘﺔ ﺗﻤﺜﻴﻠﻴﺔ).

(ﺻﻤﺖ)

آدم: ﻣﺘﻰ.. وﻛﻴﻒ.. وﻣﻤﻦ؟

رﺪﻳﻨﺔ: (ﻣﺘﻔﺎﺧﺮة) ﺑﺎﺑﻦ ﻋﻤﻲ.

آدم: اﻟﺴﻜﻴﺮ؟

رﺪﻳﻨﺔ: أﺟﻞ.

(ﺻﻤﺖ)

آدم: ﻛﻴﻒ ﻳﻌﺎﻣﻠﻚ؟

رﺪﻳﻨﺔ: ﺑﺄﺣﺴﻦ ﻣﻌﺎﻣﻠﺔ! (ﺗﺮﻓﻊ ﻃﺮف ﺛﻮﺑﻬﺎ ﻛﺎﺷﻔﺔ ﺟﺰءاً ﻣﻦ ﻗﺪﻣﻬﺎ. ﺗﻈﻬﺮ ﻋﻠﻴﻬﺎ آﺛﺎر ﺿﺮب واﺣﻤﺮار ﺷﺪﻳﺪ) ﻫﻞ ﺗﺮى؟ إﻧﻬﺎ أﻓﻀﻞ ﻣﺎ ﺗُﻌﺎﻣﻞ ﺑﻬﺎ ﻓﺘﺎة ﺗﺰوﺟﺖ درءاً ﻟﻠﻌﺎر!

آدم: (ﻳﺮﻛﻊ ﻋﻨﺪ ﻗﺪﻣﻬﺎ. ﻳﻠﻤﺲ اﻟﺠﺮوح. ﻳﺒﻜﻲ) أﻗﺴﻢ ﺑﺄﻧﻨﻲ ﻛﻨﺖ ﻣﺠﺒﺮاً.. رﺪﻳﻨﺔ!

رﺪﻳﻨﺔ: (ﺗﺒﺘﻌﺪ إﻟﻰ أﻗﺼﻰ اﻟﻴﺴﺎر. ﻳﻌﻢ اﻟﻈﻼم، إﻻ أن ﺷﻌﺎع ﻧﻮر ﻳﺴﺪد ﻋﻠﻴﻬﺎ وﻋﻠﻴﻪ. ﺗﻮﻟﻴﻪ ﻇﻬﺮﻫﺎ. ﺻﻤﺖ ﺛﻘﻴﻞ ﺗﻘﻄﻌﻪ

بجملتها. صوتها مرتجف ضعيف. تبتسم) كنت أحلم
بأنني الأميرة.

آدم: وأنا حلمت أيضاً.

ردينة: أميرة معك.

آدم: حلمت.. الأحلام!

ردينة: كم حلمت وأنا واقفة كالمسجاة على شرفتي.

(صمت. تبتسم).

وأنظــر بعيداً.. نحو منزلك الغائر في قمة الجبل. أنظر
وأتخيل أنك تراني وتسمعني (تنظر إليه بطرف عينيها.
بخيبة) هل كنت تشعر بأي شيء؟

آدم: (يمشي إلى أقصى اليسار. يلاحقه الشعاع. ينظر بعيداً)
لا.

ردينة: لا.. يقول لا والطيور تهجر أعشاشها الدافئة.

آدم: تهاجر الطيور.

(صمت)

ردينة: كانت أمي تموت.

آدم: ليرحمها الله.

ردينة: تموت.

آدم: ماتت أمي.

ردينة: كانت تموت وأنا غارقة بأحلامي الرائعة.

آدم: ماتت منذ زمن طويل.

ردينة: تموت وأنا على فمي ابتسامة التخيلات العذبة.

(صمت)

كم أبدو لنفسي حقيرة وتافهة حين أتذكر أنينها، تألمها، في حين كنت أخفي كياني خلف رقاقة الأحلام. كنت أتخيلني معك. أعيش، نعيش.. وهي إلى جانبي تصارع الموت.

(صمت)

كنت وحيدة. لطالما كنت وحيدة.

آدم: وأنا.. كنت وحيداً.

ردينة: كانت أمي تنام مثل عصفور يموت، وأفيق أنا، لكي أطير. كنت أشعر ــ حين يطل الليل ــ بأنك تناديني من هناك. أهب واقفة بقدمين حافيتين، أمشي ببطء لئلا أخلصها من نومها. أفتح خزانتي، أسحب منها فستاني الجديد (تطالع الفستان الذي تلبسه) في كل مرة، وقبل أن أذهب لتسليم الفستان بعد تطريزه، كنت ألبسه

لك. أتخيل نفسي واقفة أمامك واللؤلؤ البراق يحاصر جسمي النحيل (تضحك بخجل) حتى أنني كنت أخجل، أحمر، وأفكر فيما ستقوله لي لو أنك تراني. (تنظر إليه) هل كنت تقول شيئاً؟

آدم: لا.. لم أقل شيئاً.

ردينة: أقصد.. آنذاك؟ (تحرك يدها للخلف).

آدم: (ينفي بإيماءة).

ردينة: (تتأمل كفيها) كم طرزت هاتان اليدان من فساتين تاقت روحي لتكون لي. لو كنت أقدر على شراء واحد فقط، مجرد فستان براق لي. أخبئه، أنظفه كل صباح من الغبار والنسيان، وأنتظرك. أنتظر مجيئك الذي لم تعد لافتعاله ولو مرة!

آدم: كنت مجبراً.

ردينة: وضيع (تركض وتضربه بقوة على ظهره. يأن. تكرر الضرب) كفاك تردد هذه الجملة.. إنها كالنار في قلبي!

آدم: النار!

ردينة: (تمسك بقميصه من الخلف كأنها تعصره) أجل.. كالنار (تفلته بانفعال. تعود إلى أقصى اليمين. تنظر بعيداً) كالنار.

(صمت)

عند كل فستان أسلّمه لمالكة المشغل كان يتملكني إحساس يشبه الغرق. يا الله.. كيف أسلم فستاناً صدقت أنني أملكه، أنني أحيكه لنفسي لا لامرأة غريبة ساذجة لا تفهم كم تألمتُ وأنا أطرزه. كم عانيت. كم مجحف أن ترتديه ببساطة اعتيادية، فقط لأنها تملك المال!

آدم: لا أحد يفكر بأي شيء.

ردينة: ولا حتى أنت.

آدم: بلى.

ردينة: بلى؟

آدم: بلى. إنني أفكر.

ردينة: (تلتفت) بماذا؟

آدم: (صمت).

ردينة: الصمت. كم هو قاهر الصمت! ألا تشعر؟

آدم: بلى.. أشعر.

ردينة: (على الحافة، في المنتصف، تقف وتنظر بعيداً) يطل الليل. أقف على شرفتي، أنظر عالياً وبعيداً لأرى شعلة تتقد هناك. الشعلة أنت. الشعلة تعني أنك موجود. أنك

100

هناك، بانتظاري، تتحرق لرؤيتي والفستان يحبسني في أسر خيوطه. تلك الشعلة، آه، ذلك الضوء.. كان يلجني كأنني امرأته. كانت تخترقني شعلة صغيرة تستعر في البعيد، وكنت أظن أنها أنت.

(تتحرك في مكانها. تحرك جسدها تعبيراً عما تقوله)

أدخـل من الشـرفة وأعود إلى غرفتي، ألبس الفستان الجاهـز قبـل تسـليمه صباحـاً. أتعرى، أبلل شـعري وأسرحه بأصابعي، هكذا. ألبسـه، أعود إلى الشرفة. حبيبي.. معشوقي.. وبينما أناديك همساً تتحرك أطراف الشـعلة هناك. أناديك.. أحدثك: هل يعجبك جسدي؟ ما رأيك بهذا الفسـتان؟ أبدو جميلة.. فاتنة؟ يا الله كم كنت بلهاء! أتذكر نفسي فأضحك ودموعي تنهمر مثل شلال.

(صمت)

أسـلمه مجبرة. أسلم الفسـتان وأقبض عليه مبلغاً تافهاً هـو ثمن أدويـة أمي. أعود منكسـرة وأحتضن كيسـاً يحوي بداخله قماشة فارغة وحفنات من الخرز الملون (صمت. تطأطئ رأسها) في تلـك اللحظة، بينما كنت عائـدة على متن بـاص قديم إلى منزلـي، تحولت إلى سـارقة.. أو.. ليس بعد (تتحدث بعجل وانفعال) أوقفت الباص. ترجلت منه. عدت إلى المشـغل. رميت الكيس

على طاولــة المالكة: أبيــض. قلت لها كأنما حسـمت الأمر مسبقاً: أريد حياكة فستان أبيض!

(تنحني حتى تركع. تبكي) سارقة! يا إلهي! (يقترب آدم. يحاول لمسـها. لا يجرؤ. ترفع رأسـها لكي تراه) أعطتني قماشاً أبيض وخرزاً أبيض وحبة ألماس بحجم تفاحة. ثبتيها في منتصف الفستان، أسفل الصدر (تشير إلى فستانها، الألمـاسـة موجودة عليه) كانت تشرح لي تعليماتها لإخراج الفسـتان بالحلة المثالية. كنت أرسـم في ذهني صورتـه، الصورة التي أريدها. شـكله. كيف سأبدو. ابتسمتُ. ابتسـمت أمامها مودعة، وكان وداعاً حقيقياً.

(صمت)

لم أعد لرؤيتها ثانية.

آدم:	بحجم تفاحة.. أسفل الصـدر (يتأمل الألماسة التي على فستانها).

ردينة:	عدت إلى منزلي. تجاهلت تأوهات أمي ونداءاتها.. ردينة.. ردينة.. الله يلعن ردينة! جلست خلف طاولتي وبدأت بالحياكة. هذا فستان عرسي، رددت في سري. فستان عرسي، أجل، إنه هو. أردد. أبتسم وأنا أراني (تضرب رأسها) أراني في هذا الرأس القذر الذي

يتخيل أي شيء، إلى جانبك. الورود تنهال من الأعلى علينا، زغاريد، مباركات، ونحن تواقون لانتهاء طقوسهم المملة والجلوس وحدنا.

(صمت)

آدم: أعرف ما ستقولينه الآن.

ردينة: لن تعرف شيئاً.

آدم: ستقولين إنك ارتديته في عرسك على ابن عمك السكير.. هذا جارح!

ردينة: يا لبالك المرتاح!

آدم: ردينة!

ردينة: كيف لبنت يسحقها العار أن تحظى بعرس تلبس فستاناً به! كان الأمر أشبه بجر متهم نحو مشنقة.

آدم: (يقترب) النور (يبتعد يساراً) أجل.. إنه النور.

ردينة: ثلاثة أيام.. وكان الفستان جاهزاً. كنت أتلمظ كجائعة لحلول المساء حتى أرتديه وأناديك: تعال.. هيا خذني يا حبيبي إلى أي مكان تريده.

(صمت)

ولكنني نمت. أفقت صباحاً على صوت عصفور

يغرد بإلحاح على شـرفتي، ولم أكن قد استوعبت جيداً انقضاء الليــل حتى صرخت أمـي صرختها الأخيرة. ركضــت نحوها.. صرخت.. بكيت.. وعرفت يقيناً أنها ماتت.

آدم: ماتت! أمي كذلك.

ردينة: كم كرهتها آنذاك. كرهت القدر الذي أخذها في ذلك الوقت. هززت جسمها الخالي من الحياة.. حاولت إيقاظها.. منعها من الموت.

آدم: ماتت أمي.

ردينة: ماتت أم الخياطة. ماتت أم الخياطة. كان الجميع يردد وأنا منكبة أبحث عن كفن لجسمها المجعد الأصفر.

آدم: كفن!

ردينة: عبثاً. لم أجد كفناً. طلبت كثيراً ولم يعطني أي من أولئك الذين جاؤوا لحمل نعشها إلى القبر كفناً ما.

آدم: لا توهب النعوش في منازل تعج بالأحياء. أحدهم سيموت.. سيحتاجونه.. هذا ما فكروا به.

ردينة: ربما.

آدم: الإنسان كائن حقير.

رﺪﻳﻨﺔ:	الفستان.. لقد كفنتها بالفستان. الفستان كان كفنها.. يا الله!

آدم:	الكفن فستان عرس.

رﺪﻳﻨﺔ:	وكأنما قد فُصَّل لها. بدت مثل أميرة توشك على تحقيق انتصار أخير.

آدم:	الموت هو انتصارها.

رﺪﻳﻨﺔ:	الموت هو انتصارها.

آدم:	الموت انتصارنا.

رﺪﻳﻨﺔ:	(تقفز نحوه غاضبة. توقعه أرضاً، تضربه وهي تتمدد فوقه. تبكي) لماذا كذبت عليّ؟

آدم:	لم أكذب عليك!

رﺪﻳﻨﺔ:	بلى.. كذبت أيها السافل المجرم.

آدم:	لست مجرماً.. لست كاذباً.

رﺪﻳﻨﺔ:	الشعلة.. ألم تقل لي يوماً بأن مكان الشعلة هناك هو منزلك!

آدم:	بلى!

رﺪﻳﻨﺔ:	(بجام صوتها) إنها المقبرة!

آدم: المقبرة!

ردينة: يا كلب يا ابن الكلاب.

آدم: المقبرة منزلي!

ردينة: كيف (تلكمه) كيف (لكمة أخرى) كيف وحفار القبور
وحده من يعيش هناك؟

آدم: القبر منزلي.. أمي ماتت.

(صمت)

ردينة: (تفلته. تنام أرضاً بجانبه. ينظران للأعلى) دفنت أمي
في مكان لطالما نظرت إليه وناديتك.. فكرت أنك
هناك.

آدم: هناك.

ردينة: ولم يكن سوى مقبرة!

آدم: هناك تسكن أمي.

ردينة: حين حل المساء ونحن ندفنها، شعرت بأن شيئاً بداخلي
يموت وأنا أرى الحفار يوقد شعلة لطرد الكلاب.

آدم: الكلاب.

ردينة: (تنكب عليه. تمسكه من شعره. تصفعه مراراً) لماذا لا

تتألم؟ دافع عن نفسك.. هيا.. (تلكمه) دافع.. لماذا تبدو
بلا كرامة! أنا أهينك.

آدم: ردينة.. لقد استنزفت آلامي كلها.. أنا لا أشعر بأي
شيء (تفتله وتعود لأقصى اليمين. تصمت) لا أشعر
إلا بالحب داخلي يركض إليك (ينهض) ما زلت أحبك.

ردينة: (تبصق) تفوه.

آدم: كنت مجبراً.. والله كنت مجبراً.

(صمت)

ردينة.

(صمت)

مؤلم هو الصمت.

ردينة: يجب أن أرحل الآن.

آدم: (متوسلاً) لا.. لا. أرجوك.

(تهـم ردينـة بالرحيل. ينتفـض آدم، ينطلـق بالحديث
مسـرّعاً فيه لكي يبقيها. تولـي ظهرها له، ينظر إليها.
يتقـدم.. تبتعـد.. يتقدم.. تبتعد.. يقف.. تقـف عندما يبدأ
بالكلام).

آدم: ظننت أنّي نسيت. صدقت وهم نسياني لذلك الماضي

أمام وجهك الضاحك. اخترق وجهك قلبي المريض.. ضحكتك.. عيناك.. يا إلهي.. (يشير إلى صدره) الضوء. رَدينة. تخيليه وهو يخترقك بنعومة عذبة. أجل. اعتقدت بأن حبك شفاني من علّة الذكرى وراح يولّد في أعماقي الطاقة التي افتقدتها طوال عشرين عاماً. آه لطاقة الفرح تلك، حين أخذت تتضاعف وشعرت بالسعادة إلى حد التشظي. كنت أتشظى فرحاً.. أتشظى حباً مثل نجم.. وأنا أقف على جسر المدينة الكبير.

(تبتعد رَدينة خطوة. يواصل آدم الإسراع في الحديث)

كانت السعادة تبتلعني ولم أكن جاهزاً بعد للمواربة وراء أحزاني خلف حاجز يدفعني لإطلاق ضحكة صادقة، لقول كلمات عذبة.. هل تفهمينني؟ في كل مرة كنت أقول لك فيها: أحبكِ. أحس بشيء في داخلي يشتعل.. سكين نارية.. سيف جليدي.. آه!

(تبتعد خطوة أخرى).

وبينما كنت أشعر بكل ذلك، وقفت على الجسر مثقلاً بأشياء لست أفهمها، بذاتي التي أحس بأنها لا نهائية، بحبك الذي يمتد إلى مكان لا أستطيع رؤيته.. ودفعني الفرح للقفز.

(خطوة أخرى).

للوثوب. فالحب جنّنني (يشـير إلى كتفيه) صدّقت وهم أنني امتلكت آنذاك جناحيـن عملاقين هنـا؛ جناحين كبيرين، خفيفين، أبيضين.

(خطوة أخرى).

سأطير.. صرخت واهباً جسدي للريح..

(خطوة أخرى).

صدقت وهماً كاذباً ودفعت نفسي من الأعلى.

(صمت. آدم يرجع خطوة. ردينة ترجع خطوة. يشـير للأرض) في الأسفل، على الطريق، كان هنالك غريب يقطع الشارع.

(تبتعد خطوة).

لـم أطِر. لقد سـقط جسـدي علـى جسـد رجـل غريب فحطمه. قتلته.. ردينة.. وبقيت حياً!

ردينة: (بغصة) يجب أن أرحل.

آدم: لم أرحل. لم أهرب. صدقيني.. كنت مجبراً.. هم.. هم.. أشخاص مدججون بالعصي، حملوني على متن سيارة يدور على رأسها ضوء أزرق شاحب. لقد واجهوا أحزاني بعصيهم وألقوا بي في السجن.

(خطوة أخرى).

ولأنني وحيد، لا أحد يهتم بأمري، لا أقارب ولا أصدقاء، وأما أنت فكنت سراً.. حوكمت وحدي. ما زال صوت القاضي يرن بأذني: السجن مدة خمس سنوات بتهمة القتل غير العمد (صوت مطرقة القاضي).

(صمت)

ردينة.. لماذا تبتعدين؟

ردينة: تأخر الوقت.

آدم: هل صدقتني؟

(صمت)

ردينة: لا أعرف.

آدم: قولي شيئاً.

ردينة: أن أصدقك لهو حِملٌ أخف من ألّا أصدقك. لا أكذب حين أقول بأني كرهتك. صممتُ على قتلك عندما اكتشفت أنك هنا.. ولكن!

(صمت. تلتفت إليه).

ما زلت أحبك.. أذوب أمامك مثل شمعة.. أحبك.. أجل.

آدم: (يركع) وأنا.. ردينة!

(تقترب ردينة. آدم راكعاً. يرددان معاً الجملة الآتية، بنبرة صوت واحدة. آدم مطأطئاً.. تقترب ردينة)

لا أعرف بالضبط ما الذي دفعني لكي أحبك في تلك اللحظة، وحتى اليوم. كل ما أذكره أنني كنت أنهار.

ردينة: من الوحدة.

آدم: من الألم.

(يكملان الجملة سوية) أنهار واقفاً.. واقفة.. أستعد ربما لآخر سقوط قد يحتمله جسد فارغ.. وأن يداً قرمزية خفية سيطرت على انهياري وأوقفته (تدور ردينة حول آدم. يتابعان) لا أعرف. أنا حقاً لا أعرف كيف كنت أبدو آنذاك من بين الركام والأشياء والماضي. لقد نسيت، حقيقةً؛ وهذا ما يدفعني للاستمرار في حبك.. حتى الأبد.

ردينة: بعيد هو الأبد!

آدم: بعيد.

(صمت)

سامحيني.

(صمت)

سترحلين؟

ردينة: أجل.

آدم: إلى حضنه البارد؟

ردينة: أجل.

آدم: ستنسينني؟

ردينة: هكذا أفضل.

آدم: ذلك يؤلمني!

ردينة: سأنساك وأسامح أمي. سأزرع إلى جانبها غداً شجرةً صغيرة.

آدم: المقابر ليست باتساع يسمح لزراعة شجرة!

ردينة: سأنثر بذوراً وأسقيها.. ولتخرج كيفما شاءت.

آدم: (يتأمل السماء) الشمس تعود.

ردينة: حان الوقت للعودة إلى منزلي.

(صمت. تبتعد ردينة وتقف وراء الشجرة الضخمة، توليه ظهرها. يركض آدم، يعانقها من الخلف، يبكي. يفلتها ويرجع بخطوات متسارعة).

آدم: وداعاً (يلوّح).

ردينة: وداعاً.

(تغيب ردينة. يدخل فجأة من خلف المرآة العجوزُ الذي ظهر في البداية ومعه طفل صغير.. يجلسان أرضاً أمام المقعد، يلعبان لعبة الضرب على الأيدي. يضحكان. يراقبها آدم ثم يرحل بخطوات ثقيلة ويغيب خلف المرآة. يكتشف الطفل غيابه، يجري وراءه. يبقى العجوز وحيداً. تتحول ابتسامته إلى عبوس حزين. ينظر إلى المقعد، يقترب منه، يخلع حذاءه، ينام عليه. تتلاشى الإضاءة).

الشّرر الرابع - بعيداً أكثر

(الغرفـة كمـا كانت منـذ البداية. آدم أمـام المرآة. نـار الموقد هائجة وصاخبة. يطرق الباب).

الصوت: (من الخارج. بحنوّ) بني.. يا حبيبي الغالي.. أهذا أنت؟

آدم: (نحو الباب. بعد صمت) عفواً؟

الصوت: وتقلّد صوت الكبار ببراعة! مشاغب محتال.

آدم: ولكنني.. عذراً يا سيدي. أنا لا أفهم. لا بدّ أنك طرقت الباب الخطأ.

الصوت: حبيبي.. كفاك مزاحاً مع أبيك!

آدم: عذراً يا سيدي، أنا لست أمزح، إنني بالفعل شاب بالغ ولم أعد طفلاً.

الصوت: بلى أنت كذلك.

آدم: أقول لا.

الصوت: تقول لا وقلبي يصر على الإلحاح «بنعم» كبيرة.

آدم: تجاهل ذلك.

الصوت: أتجاهل ماذا؟

آدم: قلبك. ربما ما آخر يتوجب على الإنسان أن يفعله هو الإنصات إلى قلبه، خذها مني.

الصوت: القلوب صادقة كالأنبياء.

آدم: الأنبياء مشغولون بقول أمور أكثر من لا ونعم. سيدي.. أنت تهدر وقتي.

الصوت: تريد أن أرحل؟ أهذا ما تقصده؟

آدم: يا لفطنتك!

الصوت: تتخلى عن أبيك؟ بكل هذا البرود تتخلى عنه!

آدم: أنا لست ابنك.

الصوت: طيب.. دعني أراك.

آدم: لا.

الصوت: أريد أن أتأكد!

آدم: غير مهم بالنسبة لي أن تتأكد.

الصوت: قد أعيش عمري مفكراً في أنك ربما كنت هو لو لم أرك.

آدم: ستنسى.

الصوت: لن أنسى.

آدم: الجميع ينسى.

الصوت: فقط عندما يموتون.

آدم: جميعنا ننسى.

الصوت: صعب عليّ تصديقك.

آدم: هذه مشكلة!

الصوت: أتذكر كل شيء منذ كنت في السابعة.

آدم: وهذه.. يا إلهي.. جريمة!

(صمت. صوت بكاء الرجل من الخارج).

آدم: سيدي، توقف عن إتعاب نفسك، لن أفتح لك.

الصوت: ما أقسى أن أسمعك تقول هذا لأبيك!

آدم: (بنفاد صبر) أؤكد لك ــ وبينما تضيّع وقتك هنا ــ
            أن ابنك يواصل الضياع في مكان ما. ربما، صدقني،
            هو الآن يبتعد أكثر للدرجة التي لا تتيح لك فرصة
            إيجاده.

الصوت: معك حق. لطالما بحثت في المكان الخطأ.. ولكن (صمت)

أشعر للمرة الأولى بأنني وجدت المكان الصحيح.

آدم: أنت تقول بأنك تشعر.. وأنا أشعر بالرغبة في الضحك!

الصوت: ولماذا لم تضحك؟

(صمت)

أنت تضحك؟

آدم: لا (نحو المرآة. يتأمل).

الصوت: لقد بحثت كثيراً.. ولكن دون جدوى.

آدم: هل أخبرت الشرطة؟

الصوت: (يهمس) الشرطة .... اسمع.. إنهم مجانين، حمقى.. رفضوا سماعي وقالوا إنني مجنون ومحتال!

(صمت)

هل تصدق؟

آدم: (خائفاً، ينظر إلى الجدران بحذر. نحو الباب. يهمس) ما الذي دفعهم لقول هذا؟

الصوت: كيف لي أن أعرف؟

آدم: طيب.. هل بحثت في المستشفيات؟ من المحتمل تعرضه لـ..

الصوت: (يقاطعه) بحثت في كل مكان.

آدم: الضواحي؟

الصوت: وفي الصرف الصحي.

آدم: يا إلهي!

الصوت: بني.

آدم: أنا لست ابنك.

الصوت: إنك تقطّع روحي بردك هذا.

آدم: هي ذي الحقيقة.. مؤلمة دوماً.

الصوت: الحقيقة مؤلمة، أجل، ولكنني لست أتألم!

آدم: جيد.

الصوت: طيب.. إن لم تكن هو لماذا لا تفتح لي؟

آدم: أفترضُ بأنك سارق أو محتال.

الصوت: لست كذلك.

آدم: ما الدليل؟

الصوت: لا أملك دليلاً.

آدم: أي شيء؟

الصوت: لا أعرف. حقاً لا أعرف. كيف لي أن أثبت لك بأنني لست شريراً حتى أقدم على ارتكاب جرم كالسرقة أو الاحتيال؟

(صمت)

هل تعتقد بأن السارق فيه ما يميزه عن البقية؟

آدم: (يفكر) ربما.. ألا يكون سارقاً.. أو.. ألا..

الصوت: (يقاطعه) أنا فقط أبحث عن ابني ولا أتذكر أنني اقترفت خطأ ما أثناء البحث.

(صمت)

اسمع.. ألم ترَ أي طفل يلعب بالجوار؟

آدم: الأطفال يلعبون في كل مكان.

الصوت: أقصد، لربما شاهدتَ طفلاً مميزاً. طفلاً تقول وأنت تراه: لم أرَ هذا الطفل من قبل!

آدم: لا.

الصوت: يا لخيبتي! (يئن) لقد ضيعته! ضيعته للأبد.

آدم: لا عليك.. سيدي.. اسمع.. أين حدث ذلك؟

الصوت: (يأخذ وقتاً في التفكير) أوه.. لقد حدث في. أقصد. كان

122

يلعب هناك إلى جوار الـ كان.. أوف.. أو.. ربما.. لا أعرف!

آدم: (باستنكار) ماذا تقصد بلا أعرف؟

الصوت: كان في مكان ما.. أو.. ربما رحل.. ربما رحلت أنا، لست أعرف، لست أذكر.

آدم: يا رجل! حدثني بكلام معقول كي أصدقك!

الصوت: الضباب. الضباب كان يغطيني حين حدث ذلك. لم أرَ شيئاً. كنت تائهاً وبالكاد انتبهت إلى ما حدث ولكن.. بعد فوات الأوان.

(صمت. آدم يفكر أمـام المرآة. يدور. صوت بكاء من الخارج).

آدم: كيف يبدو؟

الصوت: إنه يبدو مثل.. مثل.. أعني: فمه يشبه.. يشبه شيئاً ما.. عيناه: تشبهان شيئاً ما. إنه طفل.. طفل.. يبدو طفلاً.

آدم: يبدو طفلاً؟

الصوت: أجل.. أهو أنت؟

آدم: أنا؟ لا.

الصوت: ما زال قلبي يصر على قول نعم. آه.. يا طفلي الغالي،

لقد انتظرتك حتى أكل العمر جلدي، شاب شعري وذابت الآمال في صدري. لو تعرف يا ولدي ما أقسى أن أُعامَل بعد كل ذلك بهذه القسوة. أنت تتنكر وتلح جاعلاً الشرخ بيننا باتساع الكون كلما قلت لا أخرى. عشرون عاماً من البحث والانتظار والركض وراء أمل كاذب. عشرون عاماً كانت تمضي وأنت تكبر بعيداً وما زلت في عينيّ طفلاً يتعلم النطق والمشي. لقد ضيعت ابني، أجل، وضاعت قدرتي على استرداده من منفاه.

(صمت)

هل تعرف؟ حين يكبر المرء فإنه لن يعود طفلاً، وبذلك فإنه لن يسـامح. الطفل وحده من ينسـى ويسامح. أنت لا تدرك شـيئاً.. الكبار لا يسامحون ذنب رحيل مفاجئ وأبديّ لمن أوكل بمهمة أن يحبهم منذ الطفولة.

(صمت)

ألن تقول شيئاً؟ (صمت) طيب، انظر، سأريك صورته فقـط، إننـي أحملها منذ سـنوات وأدور بها الشـوارع والغابات. ألقِ نظرة صغيرة عليها ومن بعدها اطردني أو اسحقني أو اتصل بالشرطة.

(صمت)

ماذا قلت؟

آدم: حسناً.

الصوت: حسناً؟ تقولُ حسناً؟.. هذا يعني: نعم. أليس كذلك؟

آدم: (باتجاه الباب) أولاً، قبل دخولك، أريد رؤية الصورة
            (يفتح الباب قليلاً. يمد يده) هاتها.

الصوت: هي ذي.

(يمسـك بالصورة المؤطرة ببرواز كبيـر. ينظر إليها
بهلـع، يركض نحـو المرآة، يتأمل وجهـه، فالصورة،
فوجهه، فالصورة).

آدم: ولكن.. هي ليست سوى بقعة صفراء كبيرة!

الصوت: لا. إنها صورة ابني.

آدم: (يدقق بها) ربما تلاشت ملامحها مع مرور الزمن.

الصوت: إنه العمر.. العمر يأكل كل شيء.

آدم: أجل. العمر.. إنه يأكل الذاكرة.

الصوت: وكأنها وجبته المفضلة.

آدم: أجل.. وجبته.

(صمت)

الصوت: هل أدخـل؟ (صمت) مـاذا؟ (يدخل الأب. إنه رجل

عجوز بتجاعيد عميقة وجسد نحيل وهزيل، ثيابه في غاية الأناقة: بذلة رسمية، ربطة عنق، حذاء لامع، وقبعة سوداء مدورة. يتفرس الأب وجه آدم، يكشر، ينظر بعيداً ويتحدث، صوته يختلف عما كان عليه حين كان مختفياً، الآن يبدو وكأنه صوت عجوز حقيقي).

الأب: لا.. أنت لا تشبه ابني (يقترب من الموقد، خطوات متثاقلة وبطيئة، يبكي) لقد انتهيت.

آدم: (يقترب بعجل نحو اللوحة المعلقة، يرفع الصورة التي يمسكها لتواجه اللوحة. ينزلها، يطأطئ ثم ينظر ناحية الأب) لا شيء يعود بعد لحظة الأفول.. أيها الأب.

الأب: لا بد أن يعود.

آدم: (يمشي إليه، يقف خلف الأب الجاثي أمام الموقد. ينحني قليلاً) هذه أحلامنا حين نضيّع أثمن ما نملك بفعل حماقاتنا القديمة، إننا ننتظر، ندرك جيداً لا جدوى من انتظارنا وأنه لن يغير من الأمر ذرة، لكننا نُسعد عندما نقول لأنفسنا: لقد فعلت ما بوسعي.

الأب: حقاً فعلت ما بوسعي.

آدم: (يغضب) لم تفعل سوى أنك اقترفت ذنب تضييعه للأبد.

الأب:	أنا لست بهذا السوء!

آدم:	كل الذين اقترفوا ذنوباً هائلة قالوا هذا.

الأب:	(ينهض. يدور حول آدم ويقف خلفه بعد أن جثا) هل لديك أب؟ قد تفهم شعوري لو كان لديك أب تحبه.

آدم:	(ينهض. أقصى اليسار. يدير وجهه) لا.

الأب:	ما الذي تعنيه بهذه اللا؟

آدم:	هذه اللا تعني بأنه ليس لدي أب. لقد رحل منذ زمن طويل.

الأب:	من المؤكد بأنه كان مجبراً.

آدم:	لا يغريني البحث عن السبب وراء رحيله.

الأب:	لماذا؟

آدم:	(يرفع كتفيه) لا أحس تجاهه بأي شيء.

الأب:	ولا في أي وقت؟

آدم:	أحياناً أكرهه.

الأب:	لأنه رحل؟ (ينهض ويمشي نحو آدم. يبتعد آدم. يقترب الأب. يقفان أسفل المصباح: ينظر آدم نحو الجمهور ويواجههم بالصورة، الأب إلى جانبه وينظر إليه) هل

فكرت في أنه ربما كان مجبراً؟

آدم: لا أذكر. أنا لا أهتم.

الأب: كيف كان شكل رحيله؟

آدم: بلا شكل.

الأب: كالضباب؟

آدم: أجل. وكأنه غرق في ضباب لا نهائي.

الأب: لربما كان..

آدم: (يقاطعه. يبتعد عنه. يلاحقه الأب. كأن أحدهما يهرب والآخر يريد الإمساك به. يواصلان ذلك) لقد رحل في اللحظة التي خرجت بها من رحم أمي إلى العالم.

الأب: هل فكرت في..

آدم: صرختُ تناديه وجسدي يصارع للخروج: وطفلنا؟ هل تعرف بماذا أجاب؟

الأب: أنا لا أعرف.

آدم: احرقيه. هكذا رد.

الأب: وكيف عرفت ذلك؟ لم تكن سوى جنين صغير!

آدم: أمي قالت لي.

الأب:	لربما كانت مدفوعة بالكره لتشويه صورة رحيله. الأمهات يكذبن أحياناً.
آدم:	أمي لا تكذب.
الأب:	تقول هذا ربما لأن الأمر يتعلق بأمك، لو كان مرتبطاً بأم أخرى لصدقت ذلك.
آدم:	أمي لا تكذب. أنا مؤمن بكل ما قالته لي عنه.
الأب:	حسناً.. وماذا بعد؟

(يلهثان. يواصلان التلاحق).

آدم:	خرجتُ.
الأب:	ها؟
آدم:	كنت أتمسك برحمها.
الأب:	طيب؟
آدم:	لم أكن أريد ذلك، أقصد، أن أولد (يتعثر. يسقط في المنتصف أسفل المصباح، يقف الأب بجانبه، تتلاشى الإضاءة ويبقى ضوء المصباح الشاحب. تبدو أصواتهم كأنها آتية من حفرة فارغة) خرجت ممسكاً برحمها. خرجت مثل ينبوع والدهشة تسيطر على كل ما فيها. كان مشهداً قاسياً أن..

الأب:		أن ماذا؟

آدم:		(يرفع يديه. يتأمل باطن كفيه) خرج رحمها معي. أمسكته، هكذا، وانتزعته من أعماقها (يبكي).

الأب:		(يجلس بجانبه. يحتضنه) لا عليك (يضع رأسه على كتف آدم وينظر إلى الجمهور) أعتذر.. إنني سيئ في المواساة.

(صمت)

آدم:		(ينظر بطرف عينه إلى الأب) ماذا عنك؟

الأب:		بشأن ماذا؟

آدم:		رحيلك.. لماذا رحلت؟

الأب:		إنها قصة طويلة.

آدم:		حسناً؟

الأب:		تود أن تعرف؟

آدم:		أعرف ماذا؟

الأب:		القصة!

آدم:		آه.. أجل.. أحب الاستماع إلى القصص فهي تذكرني بأمي. إنها تؤنس وحدتي وحياتي الخالية من الأحداث.

(صمت)

الأب: رحلت لكي أدفن جثة أمي.

آدم: ماتت؟

الأب: منذ وقت طويل.

آدم: الأمهات يمتن دوماً (صمت) كم كان عمرك؟

الأب: كنت طفلاً.

(إطفاء)

(صمت)

(إنارة)

(آدم أقصى اليمين، أمام المرآة. الأب يساراً بجانب الموقد، يقف وينظر نحو مكان ما. ظلام، هنالك شعاعا نور مسددان من أعلى نحو آدم والأب).

الأب: كنت طفلاً. تغيرت حياتي منذ ذلك الوقت، وحتى الآن.

آدم: جميعنا كنا أطفالاً في البداية.

الأب: الحرب.

آدم: ماذا عن الحرب؟

الأب:	كانت تقضم الأشياء كلها، تفتتها، تبدد حيوات صغيرة كثيرة على امتداد وطن صغير. لقد بدأت الفوضى من مكان بعيد، ووصلت أخيراً إلينا.

آدم:	الحرب باردة كالحمى. برد. برد. (يبحث عن لحاف ويعود فيجلس مكانه ملتحفاً).

الأب:	لست أذكر من أبي سوى أنه كان يصرخ راكضاً من الخارج إلى منزلنا. صرخ: الحرب هنا. الحرب هنا. اهربوا! ودوت رصاصة فجرت رأسه (صوت دوي. يفزعان).

آدم:	(يهذي) برد.. برد.

الأب:	أدركتْ أمي أن لا جدوى من البكاء وأن عليها فعل شيء ما من أجلنا، أنا وأخي الرضيع. بيدٍ حملته على صدرها، وبالأخرى أمسكتني من ذراعي. كنا حفاة، ركضنا. ما زال لهاثها يتردد في مسمعي حين كانت تدفع بوابل الناس من حولها كي تتقدمهم وتنقذنا من أمطار القذائف والرصاص الذي حول قريتنا الصغيرة إلى لوحة حمراء.

آدم:	(يشير إلى رأسه) أتخيل هذا.

الأب:	أحست باستحالة الهرب. انحنت إليّ والعرق يبللها،

وراحت تشرح لي كيفية العبور من طريق يؤدي إلى مكان آمن. كانت تقول: اركض.. لا تنظر إلى الخلف.

آدم: (يغمض مقوضاً رأسه. يصرخ) إنهم يقتربون، اهرب!

الأب: وكان الوقت قد نفد للهرب.

آدم: إنكم محاصرون. يا إلهي!

الأب: أمسكنا رجال مسلحون يخفون أوجههم وراء أقنعة سوداء. كان أحدهم يجرها من شعرها في حين كانت تتمسك بنا كأننا حبل نجاتها. مروا بنا من أمام جثة أبي، كانت تطالعها وتغرق في النحيب، أما أنا فلم أكن بعد قد استوعبت ماهية ما يجري.

آدم: الظلام يحاصر رأسي!

الأب: أسرى. أصبحنا أسرى. هل تعرف ما الذي تعنيه هذه الكلمة؟ لم أكن حينها أعرف.

لساعات طويلة.. سُجنّا في إحدى غرف مدرسة القرية التي كنت على وشك ارتيادها، كان الظلام حالكاً حتى عندما بزغ الفجر، وكنت أحس برطوبة تنبعث من صدرها حين ترضع أخي الصغير (صمت) وعندما أرضعتني، أحسست بشيء عميق يسحبني إليه كأنما يشدني.

آدم: إنه الخوف.

الأب: كنا وحدنا، الرهبة تبني أعشاشاً في صدورنا، في وقت
كان فيه صوت الرصاص يقترب.

آدم: إنه يقترب.

الأب: صوت أبواب تُفتح، صراخ وكلمات غير مفهومة،
رصــاص، أنين، ثم صمت أثقل من الصخر يطبق
لثوانٍ. وقع أقدام يقترب، خطوة إثر خطوة.. صرخة
تكتم فجأة إثر رجاء غير مجدٍ.. بهذه الصورة كان
الموت يتسلق الوقت إلينا.. حتى وصل.

آدم: لقد وصل.

الأب: من الباب المفتوح أمامنا، لمعت فوهة البندقية، كانت
المرة الأولى التي أشاهد فيها بندقية حقيقية. وفجأة،
سُدد إلينا مصباح حسبنا أنه رصاصة. تسمر القاتل
لدقيقة أمامنا.. ثم اقترب من أمي.

آدم: لا!

الأب: راح يتفحصها وهي تطلق باتجاهه نظرة حادة كأنها
سيف بحجم ضعفها. كان الصمت عميقاً عندما جثا
أمامها كاشفاً عن وجهه وقال: هل تذكرينني؟

آدم: الرصاص محتد في الفوهة، جاهز للخروج (يصرخ)
نار!

الأب: برغم صمتها الذي عبّرت فيه عن تقززها، كانت ملامحها تشي بأنها تعرفه. ولم يستمر الأمر طويلاً. انتصب واقفاً على عجل.. عاد كما كان.. قاتلاً حقوداً قال لها: أدين لك بمساعدة عندما كنت طفلاً، لذلك، فإنني سأطلق سراحك.

آدم: الجميع يكونون أطفالاً في البداية.

الأب: وابتسمتْ.

آدم: يا لها من ابتسامة عذبة!

الأب: ولكن بشرط، قال لها. وأشار إليّ وإلى أخي. فبكت.

آدم: (بخيبة) الرصاصة تتجهز للانطلاق.

الأب: كان يخيّرها بيننا. من يموت ومن يواصل الحياة. لا يمكنني إخراجكم دون قتل أحدكم.. هذا مستحيل، هذا ما قاله، صمتنا جميعنا لثوانٍ ثم سدد سؤاله القاتل: أي طفل؟

آدم: في أي رأس سأطلق رصاصتي أيتها الأم المعذبة؟

الأب: اختارتني لأظل حياً. وقبل إتمام قتل أخي، نيمته وهدهدته. غنت له آخر أغنية سوف يسمعها، وهمست في أذنيه باكية وتوسلته كي يسامحها وهو يغط في نوم هادئ عميق.

(صمت)

سـلّمتُه للقاتل الذي أخرجنا فيما بعـد لمعبر يؤدي إلى
مـكان الطرف الآخر. أنت تعـرف؛ دوماً في الحروب
هنالك طرفان على الأقل. تظن أن أحدهم سـوف ينقذك
مـن الموت، بأن يجاهد مدمراً المنازل وحارقاً الغابات
فقط من أجل قتل العدو وإنقاذك من بين أنيابه الملتوية،
لكنك تكتشـف أخيراً ـ والدم يسيل من كل مكان ـ بأن
الحـرب لم تكـن يوماً لإنقـاذ ولو حتى حشـرة تافهة.
ليست لأن عدواً جاء من البعيد لسرقة ممتلكات الوطن
النفيسـة (يضحـك) هذا هراء آمن أجدادنـا به كما آمنا
بـه من بعدهم. الحرب تقوم لأسباب لا يمكن لإنسـان
قذر أن يفهمها. فجأة تعم الفوضى، يموت الأبرياء وهم
يحاولون الهرب بحثـاً عن النجاة، ويتأخر الوقت حين
يدركـون أن النجاة من الحرب أمر مسـتحيل. لن تنجو
من فوضى شـبت في وطنك الحبيب لأنك لست مختاراً
للنجاة. لا. فالحـرب نيـران تحرق الضعفاء لأنها أقوى
من إنسان أقصى أحلامه الهربُ بجسد سليم.

آدم: النار تُحرق.

الأب: مشينا في طريق مظلم نحو الطرف الآخر. كنا نسمع
الصرخات من خلفنا وهـي تفتت الهدوء الراسخ

للحجارة (صمت) عندما اقتربنا من الحد الفاصل بين فئتين متصارعتين أخذت أمي تلوح لهم. شعرت وأنا أحدق بيديها بأنها تقول عبرهما: وداعاً لكل شيء.

(صمت)

في تلــك اللحظة، سُدد نحونا ضوء مصبــاح ثانٍ من بعيد، وقبل أن يكتشفوا ــ عند ملامسة الضوء لجسدينا ــ أننا لســنا سوى أم وطفلها.. اخترقت رصاصة حارة صدرها.

(صمت)

كان ظهرها، في موضع خـروج الطلقة، متفجراً. وقد امتزج دمها الأحمر بحليبها الأبيض.

آدم: الأمهات يمتن دوماً.

الأب: (يلتفت إليه) هل عرفت الآن؟ لا بد أنك فهمت القليل.

آدم: (يلتفت) لا يمكن للألم أن يكون مفهوماً.

(يقتربــان من بعضهما. الأب مسترســل فــي الحديـث. ينظران كل في عين الآخــر ثم يتبادلان الأمكنة. الأب أمام المرآة. آدم بجانب الموقد).

الأب: كان الندم يأكلني وأنا أعيش وأكبر متذكراً جثتها التي

تُركت هناك. جسدها الممدد في العراء والمتروك للكلاب والضباع والريح. برد. برد (يرتجف. يتقدم آدم. يخلع اللحاف عنه ويضعه عليه. يعود إلى مكانه. صمت).

الأب:	طاردتني الكوابيس. لاحقتني صوتها، جملتها الأخيرة حين قالت: اهرب يا حبيبي. في حين كان الموت يأكل الحياة فيها. أجل.. لم يكن الوقت مناسباً للرحيل، ولكن ما حدث قد حدث.. لقد رحلت.. بحثت عنها.. يا إلهي! (يجلس أرضاً).

آدم:	يا إلهي.

الأب:	مضيت في رحلتي إليها.. بعيداً.. بعيداً جداً.. ولما وصلت، واجهتني الصحراء التي كان ينطلق من مكان ما فيها صوت بكاء. اقتربت منه بهدوء وواجهت مشهداً طافحاً بالأسى (يبكي) كانت جثتها لا تزال هناك. حليبها المخلوط بدمها، وأنا ــ عندما كنت طفلاً ــ كان المشهد يُعاد أمامي مثل شريط فيديو مسجل. كيف كنت أبكي، وكيف صرخت فوق جسدها، وكيف سحبني الجنود عنوة لأخذي. كنت أرى كيف جاءت الكلاب وأكلتها، تلمظت بالسائل ذي اللونين ثم رحلت. (يقف خلف الأب الجالس. كلاهما ينظر في المرآة).

الأب: اقترب الطفل مني. شدني من كمي حتى أنحني إليه. لمس وجهي المجعد، ابتسم وقال لي: هيا.. عليك أن تدفنها قبل مجيء الكلاب مرة أخرى.. وأشار نحوها.

ذلك المشهد القصير كان يعاد مراراً: تموت أمي. أصرخ وأُسحب نحو مكان ما. تأتي الكلاب.. و.. ستؤكل للمرة الأخيرة، أسرع. قال الطفل لي.

(صمت)

بهدوء خالص، مددت يديّ واحتضنت الطفل الذي كنته، لربما وهم الطفل الذي كنته. وبكيت وأنا أرى من وراء كتفه الصغير جسمها الخامد الذي تقترب منه الكلاب. نهضت مسرعاً ورحت أحفر بأظافري قبراً لها. كان الطفل يساعدني ويبتسم طوال الوقت.

(صمت)

عندما أصبحت الحفرة جاهزة، حملتها.. و... و... وانتهى كل شيء.

آدم: والطفل؟

الأب: لقد اختفى عند آخر حفنة تراب ألقيتها في الحفرة.

آدم: اختفى؟

الأب: اختفى.

آدم: بماذا شعرت؟

الأب: شعرت بأنني صرت عجوزاً.

آدم: (يقف أسفل المصباح) هل كان ذلك حقيقياً؟ أقصد..

الأب: لم أفهم ما حدث. لست أعرف إن كان حقيقة أم محض
وهم. ربما كان على الوهم منذ الأبد أن يقنعنا في فترة
ما بأنه حقيقي حتى نشعر بزيف الحياة ونفهم ما علينا
فعله.

آدم: وما الذي كان عليك فعله؟

الأب: أن أعود إلى ابني. لكنني تأخرت. تأخرت كثيراً أيها
الطيب. لقد فقدت ـ من أجل وهم كبير ـ حقيقةً أنني
أب وفي مكان بعيد ينتظرني طفل تركته حتى من قبل
أن يأتي.

آدم: الوهم حاكم الآباء.

الأب: (يقترب. يقف بجانبه) والماضي.

آدم: والذكريات.

الأب: وما قيل له.

آدم: وما سيقال.

الأب: الآباء محكومون بقيود الزمن السابق.

آدم: ولذلك تعج الحياة بأبناء تقوضهم الأغلال.

الأب: أبناء بلا أجنحة.

آدم: وبلا آباء.

الأب: سأرحل أيها الطيب.

آدم: ستبحث مجدداً؟

الأب: لا.. لقد بحثت بما يكفي لأقتنع بأن لا جـدوى من
                الاستمرار في ذلك.

آدم: ولكن.. كيف ستمضي بقية حياتك؟

الأب: سأتخيل أنه يعيش حياة سعيدة.

آدم: وداعاً أيها الأب.

الأب: وداعاً أيها الابن. أوصيك بأن.. آه.. كيف أقولها؟

آدم: لا عليك..

الأب: ألن تغفر؟

آدم: لقد تأخر الوقت حيال كل شيء.

                (تتلاشى الإضاءة).

الشّرر الخامس – إجابات

(آدم أمـام الأعمـدة الخشـبية، يتمسـك بعمودين ويقـرب وجهه كأنه سجين. الباب يطرق. صوت طفل).

الصوت: أين أبي؟

(يفتح آدم الباب بسـرعة ولهفة، يدخـل الطفل ويبحث في الغرفة عن شيء ما دون النظر إليه، عندما لا يجده يقـف أمـام المرآة. يتأملـه آدم دون أن يكـون قد أغلق الباب بعد. يتمرى الطفل، يلمس وجهه، يبتسم).

آدم: (يبتسم. يغلق الباب) لماذا تضحك؟

الطفل: (مستمر في التبسم ولمس وجهه) أنا لا أضحك.. إنني أبتسم فقط.

آدم: طيب.. لماذا تبتسم؟

الطفل: لنفسي.

آدم: لنفسك؟

الطفل: الجميع متجهم وحزين، أما أنا فأحب أن أبتسم؛ ولذا

أفعل هذا لنفسي حين أقابلني على المرآة (صمت) ما أكبرها! بكم اشتريتها؟ (يلمس المرآة. عندما يهم بالاقتراب لتفحص ما خلفها يصرخ آدم: لا!

الطفل: (مرعوباً) ما بك؟

آدم: ابتعد عنها.

الطفل: ولكنني سعيد هنا!

آدم: أقول ابتعد!

الطفل: كم تشبههم!

آدم: لا أشبه أحداً.

الطفل: إنك حزين وغاضب مثلهم. بلى.. تشبههم وكأنهم أنت (صمت) وكأنك هم (يقترب منه، يمسكه بطرف ثوبه) أين أبي؟

آدم: لقد رحل.

الطفل: متى؟

آدم: البارحة.

الطفل: البارحة؟

آدم: أو.. قبله.. ربما الأسبوع الماضي.. آه.. لست أذكر.

الطفل: إلى أين؟ هل قال لك؟

آدم: لا.

الطفل: أريد رؤيته. هل تستطيع مساعدتي؟

آدم: لا.

الطفل: في أي اتجاه رحل؟ شرقاً؟

آدم: لا.

الطفل: جنوباً؟

آدم: لا.

الطفل: أيوجد اتجاهات أخرى يمكن للمرء عبورها؟

آدم: الشمال والغرب.

الطفل: هل سلك أحدهما؟

آدم: لا.

الطفل: كم لا عليك أن تقول لتتمكن من إطلاق نعم واحدة؟

آدم: لا أعرف.

الطفل: (يجلس على السرير، يبدو حزيناً) أريد رؤيته. على أحد ما مساعدتي!

آدم: خذها مني.. توقف عن البحث وفكر بأمور أخرى.

الطفل: لا أستطيع.

آدم: لماذا؟

الطفل: أريد أن أراه قبل أن أفكر بأي شيء.

آدم: ولم كل هذا الإصرار؟!

الطفل: لأنني أكبر.

آدم: تكبر؟

الطفل: عندما نظرت إلى المرآة بدوت أكبر بعامين منذ آخر مرة شاهدت فيها نفسي.

آدم: وما المزعج في هذا؟ ستصير رجلاً بالغاً!

الطفل: أريد رؤيته قبل أن أصبح كبيراً.

آدم: لماذا؟

الطفل: لكي أسامحه.

آدم: تسامحه؟

الطفل: عندما أكبر فإنني لن أسامح.. الكبار لا يسامحون.

آدم: قد يسامحون أحياناً.

الطفل: يدّعون (يقف. يتمشى. أمام المرآة) لو رأيته الآن سأنسى حين أكبر ذنب رحيله، ولكن، لو كبرت وهو لا يزال غائباً فإن الحقد في قلبي سينمو كما جسدي. سيعيش الكره في صدري مثل عصفور شرير، وسأتمنى لو أعرف أين يكون لأقتله (يلتفت وينظر في عيني آدم) هل تفهم؟

آدم: هذا صعب، أقصد؛ أن يسامح المرء.

الطفل: الله يسامح أيضاً.

آدم: إنه الله. نحن لسنا كذلك.

الطفل: (يقاطعه) كم تشبههم!

(صمـت. كل منهما ينظر في الآخـر وكأنه تحول إلى تمثال. يتحركان فجأة عندما يواصلان الحديث).

آدم: كيف وصلت إلى هنا؟

الطفل: (يتمشى حول آدم) ظننتك تناديني.

آدم: أنا؟ لا.

الطفل: ربما ناديتني، ولكن بلا قصد؛ ولذا فأنت تقول لا.

(صمت)

هل ترى؟ (وكأنه أصيب بالجنون).

آدم: أرى ماذا؟

الطفل: (يدور حول نفسه ناظراً للأعلى) أسراب الفراش الأصفر! ها هو يدور حولي كزوبعة. إنه يدغدغني (يتقافز راقصاً) وااو! كم هذا مدهش! الفراشات تغطي الغرفة. فراشات صفراء صغيرة كالأمنيات.. ما أجملها! (يقترب إلى الحافة، يجلس عليها وهو ينظر نحو مكان بعيد في الأعلى).

آدم: (يبتسم. ينظر حوله. يقترب. يجلس إلى جانب الطفل) ما أحلى الفراش!

الطفل: أترى كيف تطير؟

آدم: كما لو أنها لوحة!

الطفل: إنها تراقصنا وتلمع مثل النجوم في الغرفة.

آدم: ياه.. مثل النجوم!

الطفل: النجوم البعيدة تحترق هناك.

آدم: تحترق.

الطفل: وتلمع.

آدم: تلمع.

الطفل: تلمع للأبد كأنها خالدة هناك.

| آدم: | أمي هناك. |

| الطفل: | وأمي هناك. |

| آدم: | هناك تعيش والفرح يواسيها. |

| الطفل: | إنها تنتظرني. |

| آدم: | تنتظر. |

(يقف الطفل ويبتعد عن آدم. يضحك وهو يشير بسبابته إليه كأنه يسخر منه. يغطي فمه بيده الأخرى).

| آدم: | (يبتسم) ما الذي يضحكك؟ |

| الطفل: | توجد فراشة عالقة في لحيتك! |

| آدم: | (يمرر يده في لحيته المتخيّلة، إذ لا توجد لحية. يبتسم). |

| الطفل: | (يركض) إنها تلحقني (يضحك) ما أحلى الفراشات! |

(إطفاء)

(صمت)

(يشـتعل المصباح.. يقـف آدم والطفل متواجهين تحت الضوء. تفصل بينهما مسافة مترين تقريباً).

| الطفل: | لقد ابتعدت. |

(صمت)

آدم: يا إلهي!

الطفل: ماذا هناك؟

آدم: الورود!

الطفل: ما بها؟

آدم: إنها تنمو من حولك (صمت) والأشجار!

الطفل: ماذا عن الأشجار؟

آدم: ترتفع عالياً من خلفك (صمت) والأنهار!

الطفل: سنغرق؟

آدم: لا.

الطفل: إذاً؟

آدم: إنها تسيل نحونا من قمة الجبل.

الطفل: سوف نغرق؟

آدم: لا.

الطفل: ماذا عن النار؟ هل تشم الرائحة؟

آدم: النهر قادم إلينا.

الطفل:		النهر يطفئ النار.

(يلتفتان نحو الجمهور فجأة. صمت. يقتربان من الحافة).

آدم:		الشمس تشرق!

الطفل:		هل ترى؟ الحياة..

آدم:		ما أجمل الحياة!

(يحتضنان بعضيهما ونظرهما مثبت في البعيد).

الطفل:		الربيع.

آدم:		والصيف.

الطفل:		والخريف والشتاء.

آدم:		الزهور تنثر عبيرها في الجو.

الطفل:		ما أحلى الحياة! هل تعرف؟ أحب الركض والقفز. انظر (ينفصل عنه. يمثل) ها أنا أمتطي جياداً أصيلة. هيا هيا أيتها الجياد! وأقفز من فوق سياج كأنني ريشة، أعدو بين السنابل الصفراء مثل الريح! هل تسمع صوت التصفيق؟

آدم:		(يصفق) أنت بارع!

الطفل: الآن أنا أطير.. هل ترى؟ أطير على متن جناحي طائر أصفر عملاق!

آدم: لا تبتعد كثيراً!

الطفل: (يبتعد ناحية الظلام. يصبح صوته بعيداً) إنني متمكن من هذا.

آدم: عد.. أرجوك.

الطفل: (يعود باتجاه الضوء. ينفض ثيابه) ها أنذا.. عدت. ما رأيك؟

آدم: رائع.

(إطفاء)

(صمت)

آدم: حل الظلام.

الطفل: لقد حل.

آدم: هل تعرف؟

الطفل: أنا لا أعرف.

آدم: الظلام.

الطفل: ما به؟

آدم: الظلام هو الحقيقة.

(يعود النـور. الطفل أمـام المرآة، يخلع ملابسـه. آدم جالس أمام الموقد).

الطفل: جسدي يؤلمني (يتأوه).

آدم: (يصرخ بهلع) النار تستعر مثل شيطان.

الطفل: (عارياً إلا من سروال يغطي عورته. يظهر بجسد محروق بالكامل. يصرخ) جسدي يحترق.

آدم: (يقوض رأسه. يبكي) آه.

الطفل: جسدي يذوب! النهر! أين النهر؟ (يلتفت إليه).

آدم: (يلتفت بخيبة، يومئ بالنفي).

(إطفـاء. عندمـا يعـود النور يكـون الطفل قـد ارتدى ملابسه ويختبئ وراء المرآة. آدم في مكانه).

آدم: (يقف) أين أنت؟ أين ذهبت؟

الطفل: هنا.

آدم: (يصرخ) ما الذي تفعله هناك؟

الطفل: لأريك شيئاً (يحمل الصندوق المخبأ. يمشي. يواجه آدم. يرميه أرضاً فينكسر. تخرج منه قبعة صفراء ولوحة

المرأة التي كانت معلقة على الحائط).

آدم: أمي! (ينظر إلى المكان الخالي في الحائط).

الطفل: (يُلبسه القبعة. يحمل اللوحة ويرميها فينكسر زجاجها).

آدم: (جاثياً أمام الحطام. يبكي) ماذا فعلت!

الطفل: عليك أن ترى (يبحث بين الزجاج. يُخرج من وراء الصورة، ما بين الصورة والخشب الخلفي هنالك ورقة مطوية. يحملها) خذ.

آدم: (يلتقط الورقة) ما هذا؟

الطفل: رسالة.

آدم: رسالة؟

الطفل: أجل.

آدم: لماذا هي هنا؟

الطفل: لكي تفهم.

آدم: أفهم ماذا؟

الطفل: سأرحل الآن.

آدم: سترحل؟

الطفل: أجل.

آدم: إلى أين؟

الطفل: لا أعرف (صمت. يرتمي الطفل في حضنه. يبكي)
كان ذلك مؤلماً. هل تفهم؟

آدم: لا يمكن للألم أن يكون مفهوماً.

الطفل: (ينفصل عنه. يبتعد).

آدم: (يحاول اللحاق به، يتراجع) الورود! إنها تحترق!

(تتلاشــى الإضاءة وصوت الطفل لا يزال مســموعاً)
خبئ الورقة.. إنهم قادمون!

آدم: إلى أين ترحل؟

(صمت)

الطفل: أنا أغرق.

(صمت)

(يعود الضـــوء. آدم وحيد. يرتدي قبعته الصفراء ويهم
بفتح الباب. تبقى القبعة على رأسه حتى النهاية. اللوحة
فـي مكانها دون خدش. يأتيه صــوت غريب من مكان
مجهول).

الصوت: إلى أين؟

آدم: (دون التفات. يتسمر مكانه، الباب نصف مفتوح ويده تمسك بالمزلاج) باتجاه الموت.

الصوت: لا.. لم يحن الوقت بعد.

آدم: (يغلق الباب. يلتفت حوله، ينظر لأعلى وفي كل مكان، يبدو غاضباً وخائفاً في آن) من أنت؟

(صمت. يشعر آدم بالغضب والاستفزاز)

لطالمـا كان علــى أحد ما أن يجيـب. أن يبرر. الجميع يحتاج لتبريرات حيال أي شيء وكل شيء!

(صمت)

(يبكي) إنني أتعذب (يركع أمام الباب) ولسـت أفهم ما الــذي يجعلني حزيناً وقلقاً هكذا (يرفع رأسـه) أنسـى. سرعان ما أنسى. ولكنني، على الدوام، أحس بأن هنالك شـيئاً قد جرى وترك في أعماقي آثاراً شـاحبة تحملني طيلة أشهر لاختبار حزن لا أعرف كيف أتخلص منه. حزن جديد لا يشـبه الذي اعتدت عليه (يتأمل الأرض) لا يشبه الأحزان التي بت أعرف كيف أتجنبها. أحزان بأشـكال من الصعب علي فهمهـا، وحين أفهمها، يأتي حزن آخر.. جديد.

الصوت: أنا الفراغ.

آدم: فراغ!

الصوت: الفراغ الذي فيك. البقعة الوحيدة التي لم يطلها أي من ذكرياتك أو آلامك.

(صمت. يتأمل آدم بأسى موقد النار).

آدم: لماذا علي أن أكون هنا وتتحول حياتي إلى هذا الشكل المرير؟

(صمت. يصرخ آدم بأعلى صوته: لماذا؟).

الصوت: كان عليك، منذ البداية.

آدم: لماذا؟

الصوت: لا أحد يفهم السبب وراء وجوده في مكان ما. الأمر هو تراكم الأشياء بكثافةٍ لا يمكن للإنسان فهم حقيقتها.

آدم: أجل.

الصوت: أنت تعرف، لا يمكن للألم أن يكون مفهوماً.

آدم: ولـذا.. فهو يؤلم! (صمت. كأنما يسأل ذاتـه) كيف أصبحتُ هنا؟

الصوت: تطلب إجابة؟

آدم: ربما.

الصوت: إنه القدر.

آدم: القدر!

الصوت: القدر يقرر لا يختار.

آدم: (باستنكار) يقرر بأن حياة أحدهم ستكون أشبه بموت مستمر.

الصوت: أحياناً يكون الوضع على هذا النحو.

آدم: وكان هذا الأحدهم.. أنا!

الصوت: أجل.

آدم: إنه أنا.. أحدهم (صمت) أريد أن أموت!

الصوت: ستموت، بالطبع، جميعنا سنموت عندما يحين القدر.

آدم: القدر!

الصوت: القدر من الله.

آدم: الله!

الصوت: الله فكرة.

آدم: (باستنكار حزين) هذا كفر!

الصوت: هل رأيته؟

آدم: لا.

الصوت: إذاً.. إنه فكرة. هذا لا يعني أنني أذنب حين أقول لك هذا. إنه فكرة. هل تفهم؟ أنا مجرد فراغ، الشرح صعب علي، ولكن.. هل تفهم؟

آدم: ربما.

(صمت)

هل عليّ فعل شيء ما؟

الصوت: عليك ألا تفعل. انتظر فقط.

آدم: أنتظر ماذا؟

الصوت: الفضول والأسئلة الكثيرة جحيم بالنسبة إلى شخص مثلك.

(صمت)

اهـدأ ولا تفكر بأي شــيء. فقط تعــال إلي لأضمك فأنا قشتك الأخيرة. هيا.. تعال.. وانتظر.

(صمت. آدم يبحث بعينيه في أرجاء المكان. يتنهد).

آدم: كيف أجدك؟

الصوت: كف عن البحث.. وانتظر.

(يقف. يخطو نحو المرآة. يتأمل ذاته. تتلاشى الإضاءة. عندما تعود يظهر آدم بجسد مضرج بالدماء، قميصه ممزق، يخيط جرحاً في خاصرته).

آدم: (يتأوه) أنا لست مجرماً. لا (يضحك وهو يتأمل الإبرة) البارحة كنت أحيك جوربي بك.. والآن تنقذين حياتي! (تتلاشى الإضاءة. يعود آدم إلى الوضع السابق. يتأوه جاثياً وهو يقوض رأسه بيديه بشكل عنيف. تتلاشى الإضاءة. يأتي صوت مختلف من البعيد، الصوت ممزوج بطرق على طبل، ينادي: يا أيها الناس (طرق) يا أيها السكان. قبضنا على المجرم. لم تنم السلطات حتى تمكنت من الإمساك بالقاتل المجهول (طرق) أمان. أمان يا أهل المدينة. القاتل بين يدي السلطة. تخرج أصوات قليلة سرعان ما تصبح كثيفة وتردد بنفس اللحظة: علّقوا المشانق!)

(صمت. في وسط الظلام يُسدد شعاع نور في موضع المرآة. المرآة مفرّغة، مربع فارغ كأنه إطار. يظهر من الجانب الخلفي لها العجوزُ الذي ظهر في البداية، آدم في مكانه عندما كان يتأمل المرآة. العجوز والشاب يتحركان بالطريقة نفسها وفي الوقت ذاته. عندما يبدآن بالحديث يتحرك فمهما بالحركات نفسها وكأنهما يقولان الأشياء ذاتها، ولكن صوت أحدهما هو الذي يخرج كأنهما يجريان حديثاً عادياً).

آدم: (خائفاً) إنهم يبحثون عني.

العجوز: أجل.

آدم: سأبقى هنا كي لا يرونني.

العجوز: وتعتقد بأنك ستصمد؟

آدم: حتى الأبد.

العجوز: (يضحك) للأبد!

آدم: ما المضحك في الأمر؟

العجوز: لا أحد يبقى هنا لوقت طويل.

آدم: سأبقى.

العجوز: تقول هذا لأنك لم تعش يوماً في الفراغ؛ ولذا تبدو بكل حماسك واندفاعك. لم تدرك حتى الآن كم هو مؤلم الفراغ، بارد وممل. أتعرف؟ الملل مؤذٍ. قد يدفعك لارتكاب حماقات لم تتصورها قط. حتى أنا أقرف من ذاتي، من فوضاي برغم أنني لست سوى.. لا شيء! محض فراغ ولكنه يؤذي حتى نفسه! آه.. الملل!

آدم: لطالما كرهت الملل.

العجوز: عليك باكراً إدراك أن بقاءك هنا لهو أمر عابر، سوف

يمضي. إنك هنا لتفكر ملياً بما فعلته وما ستفعله.

آدم: سيجدونني لو خرجت.

العجوز: سيجدونك وبحوزتك خطة ما. فكرة. أي شيء.

آدم: أجل.

العجوز: إنني أدرك حجم آلامك ولو كنت محض «لا شيء»..
          ولكن، يمكنني فهمك ولو بقدر ضئيل. فأنا هنا لأجلك.
          من أجلك بالقدر المتاح وبحجم قدرتك على استغلالي.

          (صمت. يتلاشى شعاع النور. عندما يعود يكون آدم قد
          عبــر المرآة إلى ناحية العجــوز. يقف آدم خلفه واضعاً
          يديه على كتفي العجوز الجاثي أمامه. كلاهما ينظر إلى
          الأمــام، نحو الظلام، يتحدث آدم بحزن وخيبة. كلاهما
          ينظر نحو الأمام كأنما ينتظر ظهور شيء من العتمة).

آدم: لا حاجة لي بعد الآن لاستغلال أي أمر. نهايتي تقترب
          كذئب يركض نحو فريسته المتسمرة خوفاً إلى جانب
          جدول عذب.

العجوز: ربما أمكنك، بقليل من التفكير إيجاد حل يطيل حياتك
          عوضاً عن ابتكار صور شعرية رائعة!

آدم: لم يعد للبقاء رونقه، الموت يلمع كأنه ما أشتهيه الآن.

ذلك الموت الفارغ، حين أكون خاوياً من كل الذكريات والأحلام ومن رغبتي القذرة التي تنتابني كل صباح وتغويني لكي أعيش.

العجوز: ما هكذا يموت الإنسان. أقصد، عندما تحين لحظة الموت فإن كل الذكريات تنبض مثل بركان في مخيلتك، ولكن، حين تموت فبذلك ينتهي كل شيء.

آدم: إنك تقول ما أقوله ولكن بطريقة أخرى.

العجوز: حقاً؟

(صمت)

آدم: أريد الموت.

العجوز: لم يحن الوقت بعد.

آدم: دوماً تقول هذا.

العجوز: أقول الحقيقة.

آدم: ولكنني أشعر باقتراب الموت مني.

العجوز: أما أنا فلا. إنني أبني تصوراتي بعيداً عن ساحة الأحاسيس الإنسانية.

آدم: وأنا أبنيها قريباً من كل ما يبكيني.

العجوز: أكره البكّائين على الدوام.

آدم: تشعر بالكره؟

العجوز: على نحو ما.

آدم: كيف يبدو؟

العجوز: لم أره يوماً.

آدم: ألا تملك تصوراً عنه؟

العجوز: لا.

آدم: اسمع.

العجوز: أنا أقوم بهذا منذ وقت.

آدم: أرغب باصطحابك في رحلة.

العجوز: رحلة.. إلى أين؟

آدم: (يمسك برأسه، يبدو متألماً) إلى مكان ما.

العجوز: لست ممن يحبون الرحلات، ولكن، أشعر بأن وجودي هنا ممل وكئيب (يقف. يسحبه آدم من يده ويجلسه) ما بك؟ ألن نذهب؟

آدم: بلى.

العجوز: حسنٌ؟

آدم: أغمض عينيك (في اللحظة التي يغمض العجوز بها عينيه يعم الظلام) هكذا أفضل.

العجوز: أين أنت؟ لست أراك!

آدم: فيك.. هل تشعر؟

العجوز: أشعر بالقليل من الدغدغة.

آدم: حسنٌ.. سنبدأ.

العجوز: حسناً؟

آدم: يا ربي! كيف أبدأ.

العجوز: فكر.

(صمت)

آدم: حسناً.

العجوز: حسناً.

آدم: كنت طفلاً وحيداً (صوت طفل يضحك) لا.. ليس على هذا النحو، لم أضحك هكذا قط (صوت طفل يبكي) ولا هكذا. الصمت. كنت صامتاً وهادئاً طوال الوقت.

(صمت. شـعاع نور يسدد باتجاه الموقد. أصبح الموقد في وسط الغرفة. في مكانه تظهر سيارة قديمة صفراء.

يجلـس آدم والعجوز فيها صامتيـن وملامحهما باردة، يكشـف وجودهما الضـوء الداخلي لها. تهتز السـيارة كأنها تمشـي. ظلام. تشـتعل مصابيح السيارة الأمامية وتنير الغرفة. سـتظهر تباعاً مشـاهد متعددة، قصيرة وسريعة، بين كل مشهد ومشهد تنطفئ مصابيح السيارة وتعود لإتمام المشهد التالي).

الشعاع ينطفئ.

المصابيح تشتعل.

• المشهد الأول:

(فـي الغرفـة، الطفل ذاته الذي ظهر سـابقاً، يقف أمام النافـذة وينظر بعيداً. صوت أقـدام تقترب. تظهر فجأة المـرأة التي فـي الصورة، نحيلة وترتـدي ثوباً أبيض فضفاضاً، شعرها طويل ومنسدل على ظهرها. تقترب من الطفل، تحتضنه من الخلف وتتأمل معه).

الطفل: ما أحلى السماء في الليل! انظري كيف تلمع النجوم هناك.

(صمت)

كـم أحب النجـوم! أمي! (ينظر فـي وجه الأم، يبتسم، يعبس عندما لا يراها تبتسم له).

• المشهد الثاني:

(الطفل وراء الباب نصف المفتوح، يسترق السمع للأم التي تتأوه على السرير. يحمل باقة ورود صفراء. يبدو حزيناً وخائفاً وهو يغلق الباب من الداخل. يقترب منها، يضع الورود في حضنها. يقبلها).

الطفل: (يبتسم بأسى) إنك تحبين الورود الصفراء! انظري.. تشبه لون النجوم!

الأم: (تحمل الورود. تتأملها. تبتسم. تتأوه).

الطفل: لا تخافي، أنا هنا.

الأم: ألست خائفاً؟

الطفل: لا.

الأم: لا تكذب على أمك!

الطفل: (خائفاً. يغني مهدهداً إياها)

»النجوم

ما أحلاها

والغيوم

ما أبعدها

نامي.. نامي.. نامي

لأدبح لك طير الحمامي

نامي يا عصفورة الأيام

واستيقظي دون آلامٍ

نامي.. نامي.. نامي».

(تنام. يتمدد الطفل بجانبها وينام. تتلاشى الإضاءة).

(صمت)

(مـن الظلام، يُسـمع صوت الطفل وهو يسـأل: أمي.. لماذا رحل أبي؟)

بعد ذلك، يُسـمع صوت ضرب على جسـد عارٍ، يبكي الطفل، تضربه الأم، تصرخ: أب؟ هل ستقولها مجدداً؟ (ضرب) ها؟ هل سـتنتظره؟ هل سـتسـامحه؟ يا ويلك مني! يا ويلك لو قلت تلك الكلمة مرة أخرى! (يرجوها الطفـل أن تتوقـف عـن ضربه: أنـتِ توجعينـي.. آه (ضرب. تهدأ الأم).

الأم:	قل.. أكره أبي (صمت. تضربه بعنف. يتوجع. تصرخ) قل أكره أبي!
الطفل:	(باكياً) أكره أبي.

الأم:	ولن أسامحه.
الطفل:	ولن أسامحه.
الأم:	أبي أقذر الأشياء في الدنيا.
الطفل:	أبي أقذر الأشياء في الدنيا.
الأم:	وأمي!
الطفل:	أنا أحب أمي.

• المشهد الثالث:

(الطفـل والأم بجانـب الموقـد. الإعيـاء والشـحوب يسيطران عليها. يمسد الطفل كتفيها).

الطفل:	لماذا تتألمين دوماً؟
الأم:	(تحتضن وجهه بيديها) كم أحبك!
الطفل:	أمي.. أنت مريضة.. أليس كذلك؟

(صمت)

أجيبيني!

| الأم: | لا تقلق.. صغيري.. أنا فقط أعاني من مرض صغير ولكنه رائع! |

الطفل:	إنه يؤذيك.

الأم:	والدتك حساسة جداً.. قد يفسر هذا قليلاً من الأمر!

الطفل:	(يحتضنها. يبكي) هل ستشفين؟

الأم:	حتماً. أتعرف؟ لمرضي اسم سحري!

الطفل:	حقاً؟ ما اسمه؟

الأم:	مرض النجوم.

الطفل:	ما أحلى النجوم!

(ينظران لأعلى).

• المشهد الرابع:

(أمام المرآة. الطفل يساعد الأم في ارتداء ملابسها، يسرح شعرها. يبتسم).

الطفل:	(يتكلم كأنه يغني)

«أمي أجمل أم في الدنيا.

عيناها أحلى عينين،

شعرها ما أحلاه!

جسدك غض ومعافى،

يشبه شجرة كينا عملاقة،

ما أحلاها.. ما أحلاها..

وجهك ليس شاحباً،

وأنت لست تتألمين

أغصانك خضراء

والريح ليست تعصف بها

لا يا سيدتي

لا يا سيدتي».

(ينظر في وجهها. تحدق الأم بالمرآة).

الطفل: ما رأيك بهذه التسريحة؟

الأم: (ببرود ودون التفات) رائعة (صمت. تلتفت) سأصير نجمة! (تبتسم).

الطفل: أمي نجمة! مرحى! ولكن.. متى.

الأم: (تتألم) على النجوم أن تحترق أولاً (يبتسمان).

• المشهد الخامس:

(الأم تتأوه في سريرها، تتحدث بصعوبة باللغة. الطفل أمام النافذة، يتأمل مبتسماً).

الطفل: جميع الأمهات يصبحن نجوماً؟

الأم: أجل (تبتسم) أنت تحب النجوم كثيراً!

الطفل: أكثر من أي شيء في الدنيا، سواك يا أمي. أنت أولاً،
بعد ذلك النجوم.

الأم: هل ترى.. القمر.. كيف يبدو؟

الطفل: أرى جيداً. مدوراً وكبيراً. إنه بدر كامل.

الأم: هنالك، إلى جانبه، مكان خالٍ.. هل تراه؟

الطفل: أرى جيداً.

(صمت)

الأم: سأكون هناك. سأراك دوماً وأبقى إلى جانبك حتى
عندما تغطي الغيوم وجه السماء.

الطفل: (يقترب، يجلس بجانبها، يمسك ذراعها).

الأم: أريد أن تساعدني.. حبيبي!

الطفل: (بحماس) وافقتِ أخيراً على شرب الدواء!

الأم: ليس ثمة دواء لإنسان سيصير نجمة.

الطفل: إذاً؟

الأم: أريد أن تساعدني. أريد أن أشتعل باكراً.

الطفل: (يومئ مسحوراً).

(صمـت. الأم والطفل يحدقان ببعضهمـا. فجأة يحول الطفل بصره نحو السـيارة، يفزع آدم والعجوز، يترك الطفـل الأم التي تجمدت على صورتها، يقترب منهما، يركب في السـيارة ويجلس في المـكان الفارغ بين آدم والعجوز، كلاهما ينظران إليه بعجب وخوف).

الطفل: (مشيراً إلى الأمام) تابع (الكل ينظر نحو الأم، ثم نحو الجمهور، وتتلاشى الإضاءة).

الشّرر السادس – المحاكمة

المشهد الأول

(طاولة تحقيق في منتصف الغرفة. الكرسي الأيمن يشغله آدم، يقابله المحقق، وهو رجل بدين وهادئ، ظهر في بداية المسرحية ولكنه الآن يبدو أكبر عمراً، وعندما يغضب فإنه يغضب فجأة وسرعان ما يهدأ. يثبتان نظرهما في بعض كأن كلاً منهما ينتظر الآخر حتى يبدأ بالحديث. الأصفاد تكبل يدي آدم خلف ظهره. يمسك المحقق قلماً أصفر ويهم بتدوين شيء ما، فيتراجع، يفكر، يهم بالتدوين، يتراجع.. يكرر هذا كلما سمح له الوقت طوال المشهد).

(طوال المشهد، تخرج أصوات من مكان مجهول. أصوات لا علاقة لها بما يجري. صوت إطلاق رصاصة. ضحك. بكاء. تصفيق. مشي. ركض. مطر. حفيف أشجار. رياح، إضافة إلى معزوفة نوكتورن).

آدم: (يقرب وجهه من المحقق. يهمس) سيدي.. إنك تطلب اعترافاً؟

| المحقق: | أجل. |

| آدم: | وعليّ أيضاً أن أكون صادقاً؟ |

| المحقق: | أجل. |

| آدم: | يا إلهي! |

| المحقق: | ما بك؟ |

| آدم: | أشعر بالإرهاق عندما لا أكذب، حين أُجبر على الإدلاء بجملة صادقة (يفكر وهو يتأمل المصباح) يا ربي! ما بالك لو كنت سأختصر في هذه الجملة؛ حياتي كلها! (يفنجر). |

| المحقق: | الصدق للشجعان. |

| آدم: | (يرجع ظهره بثقة بالغة. يرفع نبرة صوته) هراء. الصدق يتطلب طاقة هائلة لا يمكن للإنسان بعد تبذيرها أن يكون سوى أضحوكة! |

| المحقق: | (ينفجر. يهم بالنهوض فيتراجع. يصرخ مهدداً بسبابته) ستحكي أو أسلخ جلدك! أنا السلطة! أنا من سيرغمك ــ حتى ولو مت ــ على كشف الحقيقة! |

| آدم: | (خائفاً. يحرك جسده للأمام والخلف كأنه يهذي، ويبدأ بنفسٍ طويل واحد بسرد جملة غير مترابطة أو مفهومة) |

كنت أمشي بين الأغصان التي تزهر وتحبو كرضيع يبتسم، وكانت الريح تعصف والنيران تشتعل في مكان ما، في حين كانت العصافير تهاجر نحو البعيد حيث يمكن للمرء البقاء وحيداً وتذكر الماضي بهدوء عذب، كأنه جدول صالح للشرب يصب في نهر مالح يصب في البحر الذي..

المحقق: (يقاطعه) لحظة.

آدم: ماذا؟

المحقق: (يفكر) لحظة!

آدم: سيدي؟

المحقق: لم أفهم ما قلته! كرره!

آدم: آه! (يحك جبهته) آه.. ماذا؟

المحقق: كرر ما قلته.. لقد شردت.

آدم: لا يمكنني!

المحقق: (يخبط يده على الطاولة بغضب كبير. آدم يفزع) كرر!

آدم: لا أذكر ما الذي كنت أقوله! نسيت!

المحقق: (يصرخ) كرر!

آدم: (يهتف) عاش الملك!

المحقق: (بلا إرادة، يقف مفزوعاً ويصيح) عاش.. عاش..
               عاش!

               (صمت. المحقق يعاود الجلوس).

آدم: لم أتخيل غرفة التحقيق على هذا النحو!

المحقق: ظننتنا سنأتي بك في نزهة؟

آدم: ليس هذا ما عنيته، يبدو أنك محقق يحب المزاح. كنت
               أقصد بأنه – عادة – يكون الوضع مختلفاً. الخوف. هل
               تفهمني؟ أنا لا أشعر بالخوف، وهذا يجعلني مرتبكاً.
               لدي إحساس عميق بأنني في مكان أعرفه، جئت إليه
               من قبل، الألفة، سيدي، هل تفهم؟

المحقق: أنت تضيع وقتي.

آدم: ما العمل إذاً؟

المحقق: عليك أن تقدم اعترافاً.

آدم: حقاً؟

المحقق: وإلا شُنقت!

آدم: حقاً؟

المحقق: ستموت.

آدم: ولكن.. الجميع يموت!

المحقق: سنعذبك كثيراً قبل قتلك.

آدم: حسناً.

المحقق: (يصرخ. يفزع آدم) هيا.

(ينتفض آدم. يضرب رأسـه بيديه باسـتمرار وعنف. يئنُّ، يبكي).

آدم: يكفي..

المحقق: عليك أن تعترف.

آدم: لا تصرخ في وجهي! إنك تعذبني (يحاول مد يديه لتقويض رأسـه، يفشل بسبب الأصفاد) آه. يكفي. صوتك يصدح هنا! (يضرب رأسه مراراً بالطاولة).

المحقق: (يقترب من أذن آدم. يستمر في الصراخ) عليك أن تقدم اعترافاً. إنك متهم بجرائم قتل وجنايات أخرى. أنت مذنب. لقد أذنبت. يا ويلك مما فعلت!

(صمت)

ضميرك يعذبك؟ أليس كذلك؟

آدم: (يستمر في ضرب رأسه. يبكي) الضمير!

المحقق: أجل.. الضمير!

آدم: صوتك مزعج كالضمير!

المحقق: حسنٌ (يتجه نحو الأذن الأخرى، يكمل) قدم اعترافاً
صادقاً واحصل مجاناً على موت دائم. أؤكد لك أنك
بعد أن تموت لن تفكر في أي شيء على الإطلاق.
صدقني، ليس هنالك ما هو أكثر إيلاماً من ضمير حيّ.

آدم: سيدي. آه (يحرك رأسه بشكل هستيري) هنا.. سيدي..
رأسي. أنا لا أفهم.. لا أعرف كيف أشرح لك.. عندما
أغمض فإن الأشياء تختفي، ثم.. ثم تعاود الظهور! يا
إلهي! ولكنها تظهر كأنها لم تكن قط، تتبدل اللحظة،
يأتي شخص، الباب، سيدي.. أنا لا أفهم!

(إطفاء)

آدم: (يهدأ) هل رأيت؟

المحقق: أنا لا أرى.

آدم: عندما أغمض، سيدي.. تختفي الأشياء.. ثم.. حين أفتح
عينيّ.. أرى شيئاً مختلفاً.

(إنارة)

(عندما يعود الضوء تختفي الأصفاد من يدي آدم. يلوح
بهما. المحقق جالس على كرسيه).

آدم: هل ترى؟

المحقق: لا أرى شيئاً.

آدم: الأصفاد.. يداي حرتان!

المحقق: حقا؟ (ينهض نحو آدم ويتأمل يديه) ماذا تقصد؟

آدم: سيدي.. كنت مكبلاً.. هل تذكر؟

المحقق: أنا لا أتذكر!

آدم: ألا ترى؟ انظر (يلوح).

المحقق: (يعاود الجلوس، يفتح دفتره، يبدأ بتدوين شيء ثم لا يلبث أن يتراجع) يتبين من الأوراق.. أنها.. أنها فارغة!.. أنت لم تعترف بعد؟

آدم: لا.

المحقق: عليك أن تعترف.

آدم: ولكن..

المحقق: (يصرخ) عليك أن تعترف!

آدم: (يخاف. يقوض رأسه. يضرب جبهته بعنف).

(إطفاء)

(صمت)

آدم: أنا خائف (صمت، يلهث) قول الحقيقة يخيفني (صمت. يأخذ شهيقاً، يزفر) حسنٌ.

(إنــارة. يجلـس الراقصة مـكان آدم. آدم غير موجود. المحقق في مكانه).

الراقصة: (تقهقه بميوعة) ها قد بدأنا! (تصمت، تتبدل ملامحها إلى الحزن. تخرج سيجارة وتشعلها، تسحب منها) كانت تحلم بأن تصبح راقصة.. ما رأيـك؟ (تقف. تتمايل، تراقب جسدها، تهدأ، تدور حول الطاولة والمحقق يدخن) كل يـوم، كانت تقف أمـام المرآة لتجرب حركة جديدة. تتعرى، أراقبها، أتأمل جسدها الذي يتمايل كأنه مصنوع من الماء، تتدفق داخلي الرغبة لكي أفعل ذلك (صمت. تنحني نحو المحقق) كانت تقول بأن الرقص وحده من يجعلها تنسى الشر الدفين فيها. أنه وحي يلازمها، يبدد حقدها، وتحلم لو أنها تتمكن من تأدية رقصة لا تنتهي، رقصة تجلب لها رعشة الموت الأخيرة (صمت. تبتعد قليلاً) إنني أحلم مثلها بذلك (تقترب، تطفئ السيجارة بدفتر المحقق).

(إطفاء)

(إنارة)

(العالِم مكان الراقصة).

العالم: (يحرك نظارته، يشبك يديه على الطاولة وهو في قمة تركيزه) هل تعرف؟ حياة العالم صعبة. على العالم أن يدرك حقيقة كاملة حيال شيء بعينه. أنت مدفوع للتحري، للاستكشاف والتفكير.. على العالم أن يفكر كثيراً، هذه حقيقة. لا أنكر أن الأمر متعب جداً، لا سيما عندما تسيطر الفكرة على عقلك وتلاحقك أينما ذهبت، حتى عندما تنام، فإنك تفكر في ذلك (يقف. يمشي نحو المحقق، يشرح له من خلال لمس جسده) هنا (يمسك برأس المحقق) تتأجج الفكرة، يتوقف الزمن، وتدور الأشياء حولها كأنها البداية والنهاية معاً (يعود إلى مكانه) دعك من هذا كله وقل لي (صمت) أو.. لا تقل شيئاً. سأكتب لك وصفة (يتناول دفتر المحقق) أريد قلماً (يبحث في جيوبه. يجده) ما هذا! (يبحث بين أوراق الدفتر. يصرخ) ألا توجد مساحة صغيرة فارغة في هذا الدفتر اللعين!

(إطفاء)

(إنارة)

(آدم في مكانه. والمحقق أيضاً).

آدم: (يقف. يتمشى. يحاول التعبير قليلاً – من خلال جسده – عن الأمور التي يحكيها) سيدي.. لا شيء كان يُسمع

في امتداد الطبيعة حولنا إلا صوت نشيجها الباكي. صمت العصافير، هدوء الجنادب، وسكون الريح، كان الكون وكأنما قد سكت احتراماً لهول الألم الخارج عبر صمتها نحو مكان بعيد. بعد ذلك.. نظرت نحوي ورأسها مائل ناحية اليمين، هكذا (يمثل) وقالت.. ساعدني.. أرجوك.. إنني أحترق. ولكنها كانت سليمة، دون خدش، الاحتراق كان يتأجج في أعماقها فقط. لم يكن مظهرها يشي بأنها تتعذب إلى هذا الحد، لدرجة أنك لو نظرت في عينيها لظننت أنها تعيش حياة رائعة. صمتنا هنيهةً حتى بدد سؤالها كل شيء: هل توافق.. سألتني.

(يمسك برأسه، يضربه) هل توافق؟ هل توافق؟ هل توافق؟ كان سؤالها يتردد في ذهني وأنا أرى حلكة السماء وأغرق في خيال أحببته. خيال شدني مثل ساحر نحو التعلق به، نحو القبول وقول: أجل. (أجل) صغيرة بحجم فهمي لما كان يحدث آنذاك.

(إطفاء)

(صمت)

(إنارة)

(الطفل مكان آدم).

الطفل:	قلتُ أجل.. وقالت.. هل تعرف ماذا قالت؟

| **المحقق:** | (يومئ بالنفي). |

الطفل: هيا بنا. هذا ما قالته، وكأنها تأخذني في رحلة (صمت. يتأمل الطفل المكان. يتأمل وجه المحقق. يبتسم) أنت خائف؟

| **المحقق:** | أنا؟ |

| **الطفل:** | أجل. |

| **المحقق:** | لا. |

| **الطفل:** | حسنٌ. |

(صمت. يقف ويتمشى).

راقبت كل شــيء. كيف كانت تستحم، وكيف كان الماء ينســكب على جســمها العاري والخالي من الرغبة في الرقــص. أغمضت مبتســمة وأخذت تغنــي (يغمض. يدندن)

«تعالي يا نار أطفئي بردي

تعالي يا ريح أوقدي جمري

واذهبي أيتها الضوضاء

بعيـداً.. هيا اذهبي..»‏ (يضحك ويبكي معاً واضعاً يديه على فمه).

(إطفاء)

(إنارة)

(آدم في مكانه).

آدم: ثم ارتدت ملابسها. فستان أبيض طويل وواسع، بدت لي حينها كأنها ملاك يوشك أن يطير. فردت شعرها المبلل على كتفيها في حين كان منزلنا الفارغ لا يزال يردد صدى الأغنية، يعيدها ويكررها. بعدها.. سارت بي وفي يدها شعلة متقدة نحو البستان الكبير الذي يمتد أمام منزلنا. كانت الشعلة تضيء الطريق الذي أدركتُ بأنها تعرفه وتخطط منذ وقت لاجتيازه. كنت أمشي وراءها وأسمع كيف تتكسر أوراق الشجر اليابسة تحت أقدامنا (صمت. الجملة التالية تُقال بأصوات كلّ من: العالم والراقصة والطفل والعجوز وآدم الذي لا أحد يظهر أثناء ترديدها غيره) الرابعة صباحاً.. سيدي.. وكنا في منتصف البستان. الأشجار تحيط بنا، والشعلة تضيء المكان من حولنا. أعطتني الشعلة، ابتعدتْ قليلاً، والتفتت إليّ.. آه لتلك الابتسامة.. تينك العينين الغارقتين بندى الدموع.. كانتا تلمعان حين قالت: أنا

جاهزة! وتمددت أرضاً (صمت. يتكلم آدم وحده)
اقتربت منها، وداعاً.. قالت وهي تلوح بيدها الناعمة
الصغيرة. تلك الالتفاتة، سيدي، والابتسامة العذبة، حين
كان اللون يحيط بها، كأنها تغرق بالأصفر، بالشرر
الذي يتشعب في كل جزء منها، كانت توحي بأنها حقاً
تطير. نظرت نحوي دون تأوه واحد.. وابتسمت للمرة
الأخيرة.

(إطفاء)

(صمت)

(إنارة)

(يختفي آدم. يقف النور خلف المحقق المكبل بالأصفاد،
يحيـط عنقـه بمشـنقة صفراء، يشـدها وهـو يتحدث.
المشنقة طويلة وملتفة أيضاً حول عنق النور).

النور: كنت أنظر نحو البقعة الخالية والمظلمة من السماء،
بجانب القمر المكتمل، في المكان الذي دلتني عليه
وقالت إنها ستكون فيه، إنه سيكون منزلها الأبدي
(يبكي. ينهار وراء المحقق وهو يشد الحبل. يختنق
المحقق. يصرخ النور) ولم يحدث أي شيء! (يشد
الحبل. يختنق المحقق. يموت ببطء) ركضت إليها.
باكياً ركضت. أحمل طفولتي والكذبة التي صدقتها،

لكي أحاول، – بجسدي – إخماد الحريق الذي طال كل جزء من جسدها.

(يبتعد النور عن المحقق الذي مات ورأسه ملقى على الطاولة. يمشي الحبل وراءه. يقف أمام المرآة، يخلع قميصه، يظهر جسده المحروق) وها أنت ترى.. هل ترى؟ لقد طالتني نيرانها.. ومثلما شوه الحرق جسدي.. لا أحد يرى كيف شوه قلبي.

(إطفاء)

(إنارة)

(يجلس الرجل الذي ظهر في البداية «القاتل» على الكرسي أمام المحقق الميت. يبكي).

القاتل: أنا لست مجرماً. كل ذلك يجري هنا (يشير إلى رأسه) لم يتعدَّ ذلك أن يصير حقيقياً. كل ذلك يجري هنا (يضرب رأسه) هذا الرأس الملعون! (يقف بغضب ويقترب من المحقق. يصرخ) أنتم تعاقبونني حتى على الأشياء التي أفكر بها. حتى على الوهم الذي أصدقه. حتى على أحلامي! لِمَ كل هذا؟

(صمت)

أنا لم أقتل أحداً. لقد تمنيت ذلك فقط. تمنيت موتهم أكثر مما تمنيت أن أعيش.

(صمت)

كل شـــيء.. كان يبـــدأ مـــن نظـــرة صغيـــرة حدثت في الماضـــي، كل الذيـــن آذوها قتلتهـــم، وكل الذين آذوني قتلتهم. هي الوحيدة التي.. سيدي.. هل تفهمني؟

(صمت)

لا.. لم أقتل أحداً (يصرخ مقرباً وجهه من جثة المحقق) أنا.. لست.. مجرماً! هل تفهم؟

(إطفاء)

(صمت)

(إنارة)

(الطفـــل مكان القاتل. ينهض. يحتضن جثة المحقق من الخلف وينظر بعيداً).

الطفل: هل تحب حكايات ما قبل النوم؟ (صمت. يبتسم) كم أحب الحكايات! أتذكر جيداً أمي عندما كانت تحكي لي عن الغول الذي يلاحق الأطفال الذين لا يحبون أمهاتهم، وعن الموت الذي ينتظر الأطفال الذين يحبون آباءهم.

(إطفاء)

(إنارة)

(العجوز مكان الطفل. يحتضن جثـة المحقق بطريقة الطفل نفسها).

العجوز: (يبكي) كم كان ذلك مؤلماً!

(إطفاء)

(إنارة)

(آدم فـي مكانه. ردينة في مـكان المحقق وقد أصبحت عجوزاً).

ردينة: (تتحدث بصعوبة جراء التقدم في السن) كتبت رسائلَ لك.. طوال الوقت.

آدم: وأنا كتبت لكِ.

ردينة: أرسلتها نحو مكان الشعلة. ظننت أنه منزلك.

آدم: كنت أرسلها إلى عنوان منزلك القديم.

ردينة: (تضحك. تظهر لثتها الخالية من الأسنان) كان حفار القبور يستخدمها لكي يوقد النار.

آدم: لـم أعـرف أنـكِ قد تـزوجت، وأن المنزل أصبح مهجوراً.. وأن رسائلي.. (يصمت) عندما خرجتُ من

السجن توجهت إلى منزلك، ورأيت علبة البريد تغرق بالرسائل المغلفة.

رديّنة: (تحاول لمسه) كم أحبك!

آدم: جلست هناك طوال المساء وأخذت أعيد قراءتها.

رديّنة: ياه.. ما أحلى الرسائل! (تلمس وجهه) مازلت شاباً!

آدم: كأنني كنت أعيش الماضي مرتين (صمت) رديّنة!

رديّنة: ماذا تقول؟

آدم: (يرفع صوته) رديّنة!

رديّنة: (تبعد يدها) ماذا؟

آدم: يجب أن أغمض.

رديّنة: (تغص بالبكاء، ترفع يدها، ترتجف وهي تلوح) وداعاً إذاً.

(إطفاء)

(شـعاع نور يسـدد ناحية الطاولة. تظهـر الأم، تجلس مكان المحقق. آدم في مكانه. تحيط بهما زنزانة حديدية لا تسـمح لهمـا بالخـروج. تدخل جميع الشـخصيات، يجلسـون حول الزنزانة وينظرون إلى الجهة التي يقبع فيها السرير والمرآة اللذان يختفيان. يشعرون بأن شيئاً

على وشـك الحدوث. يسـقط شـعاع نور على المكان الذي ينظرون إليه. تقف الأم، تمسـك قضبان الزنزانة وتنظر مثلهم، تتحدث، وبينمـا تتحدث، تجري أحداث قصيرة في الجهة اليمنى على شـكل مشـاهد. المشاهد مقسـمة والأم تتحدث خلالها وكأنها تترجم ما يحدث دون النظر إلى ما يجري وراءها. عندما ينتهي المشهد ينقطع شـعاع النور، يبدأ المشهد التالي بعودة الشعاع. لا يلتفت آدم طوال المشاهد، إنما يخرج – بهدوء وحذر – الرسالة من جيبه، ويقرأ).

• المشهد الأول:

«تدخـل طفلة صغيرة تتحدث إلى لعبة (باربي) وتقول وهي تمسـد شـعرها: كم أنت جميلة!» (تتجمد الطفلة على هيئتها في حين تتحدث الأم).

الأم: كنت طفلة. الجميع يكونون أطفالاً في البداية (صمت) قبل ذلـك، حين كنت جنيناً في رحم أمي (تتلاشى الإضاءة يميناً).

• المشهد الثاني:

«امـرأة حامـل، يقف أمامها جندي يمسـك بيد طفل».

(يتجمدان. يحدث هذا في كل المشاهد).

الأم: (تكمل) حين كنت جنيناً، جاء أبي بطفل صغير، وقال لها (يتحدث الجندي) لقد قتلت أمه.. بالخطأ. علينا أن نعتني به (تنحني المرأة الحامل وتنظر نحو الطفل بريبة).

الجندي: ضميري سيعذبني لو تركناه (صمت. الحامل والجندي يتبادلان النظرات) ليس لديه أحد ليعتني به (يتجمدان، ينظر الطفل باتجاه الأم، يبتسم ويمد يده، تمد الأم يدها عبر الزنزانة).

• المشهد الثالث:

«تلعب الطفلة بجوار الطفل. يتعاركان. يمسك لعبتها ويمزقها. تبكي».

الأم: لم أحبه. على الدوام شعرت بشيء من البغضاء نحوه (صمت) وهو.. أعتقد بأنه بادلني الشعور ذاته.

• المشهد الرابع:

«الجندي والمرأة أكبر بعدة سنوات. الطفلة في السادسة. الطفل أصبح شاباً، يمسك مسدساً ويطلق رصاصتين

في صـدر الأم والجندي، تفر الطفلة هاربة وهي تبكي وتصرخ: النجدة. الشاب يهرب»».

الأم: (تلتفت نحو آدم الذي يبدو وكأنه مجمد على هيئته) قلت لك.. كنت أكرهه. لم أكن أفهم طوال الوقت، حين أنظر في عينيه وأراهما تلمعان، بأن ذلك اللمعان لهو حزن، لهو كراهية تكبر مثله فيه، لهو انتقام سيُقدِم على ارتكابه في اللحظة التي يشعر بها أنه أصبح قادراً على تأديته مثلما تؤدى الواجبات. (صمت. تعود وتنظر نحو جثة أمها وأبيها. تئنُّ) كان عمري ست سنوات حين حدث ذلك، كان يوم ميلادي، احتفلت به وأنا في مقبرة أمام حفرتين ضمتا جسديهما الميتين.

(يلتفت آدم باتجـاه الأب، الأب يلتفت، تتلاقى عيناهما لثوانٍ ثم يعود كل منهما إلى حاله السابق).

• **المشهد الخامس:**

«فتاة يافعة تمسك بلوحة كبيرة للشاب الهارب وتريها لأشـخاص تلتقيهم في مكان يبدو شـارعاً. تسأل سؤالاً وتكـرره: هـل تعرفونه؟ أين هو؟ بعـد عدة محاولات يشير لها أحد الأشخاص في اتجاه ما»».

الأم: كبرت. كبرت وأنا عازمة على الانتقام.

• المشهد السادس:

«عرس. الفتاة في فستان أبيض والشاب الذي شاب شعره قليلاً يجلسان على (الأسكي)، تنهمر الورود عليهما من الأعلى. زغاريد. يبتسمان».

الأم: تزوجته. لم يتعرف عليّ، إذ إن السنين كانت قد غيرتني.

• المشهد السابع:

«الفتاة حامل. الرجل يحتضنها ثم يقبل بطنها المتكور».

الأم: وبعد زمن قصير، كنت على وشك أن أصير أماً.

• المشهد الثامن:

«الفتاة والرجل يشاهدان طفلهما يلعب بدمية «باربي» ويحاول المشي ولكنه يسقط. يبتسمان».

الأم: وأصبحت أماً. أسميناه.. آدم.

• المشهد التاسع:

«الطفل يمشي. والداه يتأملانه بفرح غامر».

| الفتاة: | غداً. |

| الشاب: | ماذا عن الغد؟ |

| الفتاة: | غداً (تقترب منه. تقبله) غداً هو يوم ميلاده السادس. |

| الأب: | (بحيرة) غداً (يترنح) آه! (يبكي ويذهب بعيداً). |

• المشهد العاشر:

«تجثو الفتاة أمام كعكة ميلاد وعليها شمعة متقدة على شكل رقم 6».

(تصرخ) أين هو؟ (تبكي) إلى أين رحل؟ (تضرب وجهها) لا! لا! لا يمكن.. بعد كل هذا الانتظار أن يرحل! (تنظر نحو الطفل، تهزه بعنف. يبكي) لا يمكن أن يرحل! (تلتفت نحو الكعكة، تحملها وتتأمل الشمعة المشتعلة، تمسك بالشمعة، تقربها من وجهها، تشمها، تحدق بالطفل، تقربها منه وتقول: أطفئها. لكن الطفل لا يطفئها.

| الأم: | لقد رحل في اليوم الذي انتظرته طوال عمري. اليوم الذي كنت أخطط له، أبنيه، أتخيله، وأدفع حياتي كلها ثمناً له. أجل. لقد رحل.. وكان لا بد من أن أفكر في شيء آخر يطفئ حرقتي (يطفئ الطفل الشمعة) وكان.. آدم! |

• المشهد الحادي عشر:

«الفتـاة وابنهـا، يجلسـان علـى السـرير متلاصقين ويديران ظهريهما للجمهور».

الفتاة: إنني أحترق، رويداً رويداً، حتى أصير نجمة وضاءة.

الطفل: جميع الأمهات يصبحن نجوماً؟

الفتاة: أجل.. تحب النجوم كثيراً.. أليس كذلك؟

الطفل: أكثر من أي شيء، وأقل مما أحبك يا أمي!

الفتاة: (تشير لأعلى) هل ترى.. هناك.. بجانب القمر.

الطفل: (ينظر) أجل.

الفتاة: في المكان الفارغ إلى جانبه.

الطفل: أجل.

الفتاة: سأكون هناك.. وسأراك دوماً.

الأم: النجوم (تأخذ شهيقاً) الشموع. الوحي! (صمت) النجوم تشبه ذكريات الطفولة، إنها تعيش، تحرق، دون أن تنتهي!

(تنظر الفتاة في وجه الطفل، تحيطه بيديها. يتجمدان).

الأم: (تلتفت إلى آدم، تقترب منه، تحيط وجهه بيديها) كنت

تشبهه. كانت ملامحه تطفح من كل جزء منك. صوتك هو صوته. كيف كان يجلس، يمشي، يومئ محركاً يديه. ضحكتك كانت ضحكته، حتى عندما كنت تنظر لي، كنت أحس بأن من ينظر لي هو.. لا أنت.

• المشهد الثاني عشر:

(تنقطع الإنارة كلياً، يغرق المسرح بالعتمة. عندما يعود الضوء تكون الأم خارج الزنزانة، أما آدم والشخصيات فبداخلها، يقرؤون الرسالة التي في يد آدم).

الأم: الأفكار تأتي مثلما يخرج الشرر من النار. مرض النجوم (تبتسم. تصرخ مقتربة من الزنزانة) مرض الحقد (تتجهم) كان الحقد يملؤني كشلال ينسكب من مساماتي، يتمدد في داخلي، يعوي مثل كلب على فريسة ماتت قبل أن يعضها. يتمدد إلى ما بعد جسدي. وكان الكره، أمام وجهك، يا طفلي، يحرق نيراني وكأنه لهب على لهب، وكأنني بركان يتفجر في أعماق الشمس، وكأنك الكبريت، أو الكلمة التي أوقدت النار لأول مرة. كانت: «أحبكِ» منك، كسيف ينغرس آلاف المرات في صدري. كانت: أمي. منك، تقتلني. وكنت، حين تركض نحوي مثل فراشة، تبدو وكأنك غول يقوض أجنحتي (صمت، تتمسك بالقضبان. بحزن)

حتماً ستكبر، حتماً ستصير رجلاً والفوضى تبدده، وستهذي باسمي، وستصرخ طوال الوقت: أمي. أمي. أمي.

(تبتسم. تبتعد قليلاً). سأكون ميتة (تقهقه. تهدأ).

تظنني هناك؟ ألمع؟

أنا لست هناك، ولست ألمع.

كانت وحوش حقدي تحاصرني، تأكلني. تنهش الإنسان في داخلي. كنت أشتعل كذبابة مرت في قلب شرر تطاير من رحم الحريق. أجنحتي! آه (تسقط، تبدو متألمة).

(صمت)

لم يكن أبوك يكرهك.

(صمت)

بل أنا.

(صمت. ترفع رأسها وتنظر ناحية آدم).

الأمهات يكذبن يا ولدي.

(صمت)

قلت لك: هيا.. تعال وأحرقني.. خلصني من عذابي (تغني كأنها تحاول تذكيره)

تعالي يا نار أطفئي بردي

هيا أيتها الريح

أيتها الضوضاء.

(تصرخ باكية) الحقد. الحقد. آه من الحقد! لقد دفعني كل يوم لكي أقتلك.

(صمت. تحاول النهوض ولكنها تفشل).

مراراً تسللت إلى مخدعك، وحاولت غرز سكينتي في قلبك، في قلبه.

(صمت)

ولكن قتلك، قتله، لم يكن ليشفي جراح حقدي.

(صمت. تنجح في النهوض، تبتعد وتقترب من الزنزانة).

لا. لا شيء قد يشفيني سوى أن تعيش ما عشته. أن يساورك الشك حتى في نفسك. أن تحترق وأنت لا تزال واقفاً وحياً. أن تعيش حياتك وكأنك ميت، وكأن كل ما في الدنيا يقف ضدك.

(صمت. تجلس أمام المرآة وتنظر ناحية الجمهور).

لذيذ كان أن أحترق، وأنا أراك، أراه، يجلس متأملاً حلكة السماء دون أن يعرف مصير أيامه المقبلة. تألمت كثيراً حتى ما عدت أشعر بالنيران وهي تغب الحياة من صدري، تسحق جلدي، وتشوهني (تلمس وجهها).

(صمت)

حاولت أن أنسى. فكرت في الغفران.. ولكن.

(صمت. تقترب من الزنزانة. تمسك بالقضبان).

هكذا..

هكذا يا طفلي

ستعيش مكسوراً

وسأموت مكسورة

وسيمر الوقت

وكل شيء، مهما تعاظم، إلى انتهاء.

(تتلاشى الإضاءة، تقف الأم في المنتصف وتشعل عود كبريت ثم ترميه على فستانها. يحترق الفستان من الأسفل، ترحل الأم والنيران تتبعها. يعم الظلام).

المشهد الثاني

(الغرفة كما كانت في بداية المسرحية. عند الحافة يجلس آدم العجوز وفي يديه الرسالة التي كانت خلف اللوحة. يجلس آدم الشاب بجانبه واضعاً رأسه على كتفه الأيمن، آدم الطفل على يساره، كلاهما ينظران باتجاه الجمهور. يبكي العجوز وهو يتأمل الرسالة).

(إطفاء)

(صمت)

(إنارة)

(طاولة وكرسيان متقابلان، يجلس عليهما الشاب والطفل، الشاب على الكرسي والطفل على الطاولة، يلعبان الشطرنج، الرقع كلها سوداء، والأحجار كلها بيضاء. العجوز أمام المرآة، يتحدث دون أن يلتفت أحد إليه).

العجوز: لقد قلت لك.. سيدي. لم تسمعني ولم تصدقني كما فعل

الجميع قبلك (ينظر للأعلى) إلهي! يا واهب المعنى لكل شيء هنا، لماذا مرت حياتي هكذا؟ (صمت. يتمشى، يتأمل الرقعة) أجل.. كنت أعرف.. طوال الوقت كنت أعرف بأني لم آت لكي أبقى، ولكن.. كم تمنيت لو كان لبقائي معنى ما، لو أني وُجدت لسبب غير العذاب والبقاء وحيداً في غرفة باردة تغرق بالأفكار والشياطين والأصوات.

(صمت. يتقدم العجوز إلى الحافة وينظر للأعلى).

إلهـــي.. هل تسـمعني؟ إنني يابس ومتـروك دون زاد صغير من الأمل. لا أمل لدي، وأنا، أقصد.. إنني أطلب الغفران، غفرانك إذ سأبدد الحياة من جسد وهبتني إياه، فلم تعد لدي القدرة لاحتمال مزيد من الوقت هنا.

(صمت. يتمشى ويتأمل قطع الأثاث).

كان منزلي خاوياً إلا من الأشــياء. وكانت الأشــياء فيه باردة ومضجرة إلى درجة أني شــعرت برغبة عارمة فـي تغطية كل مــا فيه، بــدءاً من قطع الأثــاث وحتى الجــدران، وعندما ولجت أكثر في منزلـي، بالضبط أمام مرآتي الكبيرة والوحيدة، داهمني إحساس بتغطية نفسـي أنا أيضاً. لم أفهم أنني لم أقدم ســوى على تعرية ذاتي حتى من أبســط الأمور، لدرجة أشفقت فيها على

نفسي.. على البراكين التي تشتعل داخل عقلي وتدفعني لسياقات لم أفهم حتى الآن ضرورتها.

(صمت)

أتساءل الآن.. بعد كل ما جرى: ما الذي يعنيه أن يقتل الإنسان غيره؟

لقد بدأ كل شيء جراء جريمة أولى، كانت كالحبل جر معه أجيالاً من الضحايا والقتلة، وها أنا الآن هنا.. لا أفهم إن كنت ضحية أم مجرماً..

(صمت)

هل كان الأمر يستحق كل ذلك العناء؟ أمر أن نعيش، أن أعيش وأشهد على كل تلك الحيوات المهدورة، والآلام الراسخة، والذكريات التي لا تمحيها الأيام.

(يقترب من مرآته).

لقد كنت دائم الوحدة، ولكنني الآن.. أنظر عبر مرآتي إليّ وأرى إنساناً جديراً بأن يُحب، أرى وجهاً طبيعياً مر عليه العمر وصار كئيباً دون أن أتذكر متى بالضبط أصبحت عجوزاً لهذا الحد (يلتفت ناحية الطاولة. يتقدم ببطء) أعرف ذلك، أنا أنتهي. إنني أنتهك آخر ساعات عمري وأبذل فيها قصارى جهدي حتى أعبر لذاتي

عن حب كان – طوال عمري – منسـياً في نقطة بعيدة من كياني اللانهائي الضعيف هذا (يجلس على الكرسي الفارغ. يتأملانه، يبتسـم لهما، يبتسـمان، وبينما ينزل الطفل عـن الطاولة ويذهب ناحية المرآة يدفع الشـاب بحجر شطرنج للأمام، يمد العجوز يده الراجفة لالتقاط حجر آخـر ودفعه، يعـود الطفل بالصنـدوق الصغير ويخـرج منه مسدسـاً، يضعه على الطاولـة والعجوز يقرب الحجر، يده تهتز وعيناه مثبتتان على المسـدس، يبتسم، يبتسم الطفل والشاب).

الطفل: إنها المعركة الأخيرة.

العجوز: أجل.

(تتلاشى الإضاءة).

الشّرر السابع - الاشتعال

(في الخلفية موسيقى باعثة على القلق، تتكون على الأرجح من بيانو وكمنجات).

إضاءة.

(يقـف آدم العجـوز عند الحافة، وجهه نحو البعيد. في الخلفية مشـهد غريب: الشـخصيات تحمل أثاث الغرفة، كل قطعة في مكانها تقريباً. الأثاث ليس كما كان، إنه بقايا أثاث. المشـهد كالآتي: النور يقف على سلم ويحمل المصباح، الراقصة تمسك باللوحة، العالم يمسك بالساعة، القاتل يسـند المرآة، الأب يحمل الموقد. بالنسبة للطفل والشاب فإنهما يمسـكان ببقايا السـرير من جهتين متقابلتين. رديئة تمسك النافذة، أما الأم فتحاول تثبيت الباب. الجميع ساكن في مكانه، هدوء شديد، عندما يلتفت العجوز إليهم يلتفتون له، من ثم، بشـكل يعبر عن خوف وقلق، ينظرون باتجاه الجمهور).

(إطفاء)

(صوت أشياء تتكسر وترتطم بالأرض، أقدام تبتعد).

(إنارة)

(العجوز وحيد في مكانه والأثاث المتكسر ملقى على الأرض، تتوقف الموسيقى وتعود موسيقى شوبان).

(إطفاء)

(صمت)

(إنارة)

(ساحة عامة. في الوسط: منصة عليها مشنقة تتدلى وتتحرك للأمام والخلف، يقف أمامها ضابط طاعن في السن يمسك بورقة ومكبر صوت. يمين المسرح: عناصر شرطة يتجمعون حول عرش مبهر وفارغ، عازفون يحملون أبواقاً. يسار المسرح خاوٍ تماماً. في الخلفية يصدح صوت جماعي غير مفهوم ويعبر عن حالة هياج كبيرة).

الضابط: (ينزل عن المنصة) لقد تأخر الحاكم والناس في هياج كبير، يا شرطي!

شرطي: أمرك سيدي!

الضابط: أين الحاكم؟ (يهز الشرطي كتفيه. يدخل شرطي آخر من اليمين ويصرخ: جاء الحاكم. يصطف العازفون ويبدؤون بالعزف، يبتسم الضابط والعناصر لقدوم الحاكم. يستمر العزف دقيقتين دون ظهوره. يشير الضابط لهم بالتوقف، يتوقفون).

الضابط: (غاضباً) ومن قال لك بأن الحاكم قد جاء!

شرطي: (يرتبك) سيدي.. لم أكن.. لم أكن..

الضابط: (يقترب منه ويضربه على مؤخرة رأسه) لم تكن ماذا أيها الغبي؟

شرطي: لم أكن أعلن قدوم الحاكم يا سيدي، لقد كنت أسأل فقط!

الضابط: تسأل!

شرطي: أجل.. سيدي.. النبرة..

الضابط: نبرة!

شرطي: كنت متوتراً وخائفاً لأنني تأخرت عن القدوم وظننت أن الحاكم جاء قبلي. ربما.. سيدي.. كنت مندفعاً وهائجاً فلم أنتبه إلى النبرة التي كان علي أن أقول جملتي فيها.

الضابط: عيل صبري! إننا هنا منذ ساعات ننتظر قدوم الحاكم لتنفيذ حكم الإعدام! الشعب كله في الخارج موعود بشنق القاتل أمام عينيه.. والحاكم أمر بألا يتم ذلك إلا بوجوده!

(يأتي صوت من الخارج، يصرخ من بين الجموع: «على القاتل أن يكون معدوماً منذ ثلاث ساعات! أنتم تكذبون!» الشعب يهتاج).

(إطفاء)

(صمت)

(إنارة)

(الشـعب متجمهر وغاضب في يسار المسرح، ثيابهم ممزقة وعيونهم جاحظة، أيديهم متسـخة ولا توجد أية لباقة في مظهرهم. هنالك نساء ورجال وعجائز وأطفال تتـوزع الشـخصيات بينهم عشـوائياً: العالـم، القاتل، الراقصـة، النور، الأب، الطفل، ردينة، وآدم الشـاب، ما عدا العجوز. الشـخصيات غير مرئية للشعب وكلها ترتدي قبعات صفراء. أصبحت الشـخصيات هرمة ما عدا الطفل والشاب. فوضى. الضابط على المنصة).

الضابط: (عبر المكبر، بغضب) ما بكم؟ هيه! أنت أيتها الشمطاء! والله إن لم تهدؤوا لأزجكم جميعاً في السجن!

امرأة1:   (تتقدم) تطلب منا الهدوء! الهدوء يا سيدي وهنالك قاتل حي في بلادنا!

رجل1:   بلادنا الآمنة! يا للعار! (الجمهور يصرخ: يا للعار!).

الضابط: ولكن..

امرأة2:   (تقاطعه) لقد اغتصب ابنتي الوحيدة! ذلك النذل الوضيع! (تبكي).

الضابط: يا سيدتي يا سيدتي والله لقد سمعتك تقولين هذا عشرين

مرة خلال ساعة! أرجـوكِ.. حافظي على هدوئك ريثما..

رجل2: سرق قمحي.

عجوز1: سنتضور جوعاً!

الضابط: يا سيدي يا سيدي..

(الهياج في أقصى درجاته. لا يتمكن الضابط من تهدئة الوضــع. بعد عدة نداءات من الشــعب يجلس بقلة حيلة على المنصة).

طفل1: حطم لعبتي!

عجوز2: أخذ مني عمري.

امرأة3: آه.. (تنظر إلى وجهها عبر مرآة صغيرة. تلمسه) متأكدة من أن تجاعيد وجهي قد ظهرت بسببه. يا لقبحي!

طفلة1: قص شعري وباعه واشترى حذاءً بثمنه! أريد شعري! (تبكي).

امرأة4: (تحمل صورة صغيرة وتتأملها باكية) لقد استغل طفلي للاشتراك بحرب أودت بحياته (تقبل الصورة) واحسرتاه على وجهك البريء!

الضابط: (عبر المكبر) يا سادة يا سادة.. والله والله إن حقوقكم

لمحفوظة. سوف يشنق الوحش الـذي قضى على طمأنينتكم لوقت طويل وأمام أعينكم.. حتماً.. ولكن (ينظر حوله) هذا ليس ممكناً دون حضور الحاكم (يلتفت إلى شرطي. يهمس) أين الحاكم؟ لقد تأخر! (يهز الشرطي كتفيه) لا بد أنه مشغول بشيء مهم.. هذا مؤكد..

(فوضى مجدداً).

رجل: خسرت في تجارتي.

طفل: قتل أبي.

امرأة: أصبحت عانساً.

رجل: وجوده لعنة.

عجوز: محال أن نعيش وهو حي.

امرأة: إنه غول.. غول شرير سيأكلنا جميعاً!

طفلة: أمي! أنا خائفة.

رجل: انظروا إلى فمي.. لا يوجد فيه سن واحد! هل هذا معقول يا سادة؟!

رجل: طبعاً غير معقول.. الشر يحيط بنا أينما اتجهنـا. إننا نفقـد كـل شيء بسبب مجـرم وضيع مـا زال

قلبــه ينبض في صدره حتى هذه اللحظة!

امرأة: (تصرخ بحدة كأنها تناجي) آه.. أقصد.. (يطالعونها ترتبك) ما بكم تنظرون إلي هكذا؟ آه.. إنني واثقة بأنه سبب لي مكروهاً ما.. ولو كنت.. أقصد.. ولو كنت لا أتذكر الآن فهذا لا يمنع من أن يكون قد سبب لي أذيّةً كبرى!

عجوز: إنها الكآبة أيتها السيدة.

رجل: لقد عششت فينا الكآبة.

امرأة: الأحزان تفتك بنا.

رجل: والأمراض.

امراة: والأوهام..

عجوز: (يطرق بعكازته) أجل.. الأوهام!

(الجميـع يـردد بطريقـة غيـر منتظمة، يتشاورون، يخافون: الأوهام!).

الضابط: (يقف، دون مكبر، يصرخ) الأوهام. (عناصر الشرطة كذلك يـرددون: الأوهــام. العازفون يؤدون معزوفة لخمس ثوانٍ، بعد ذلك، تتلاشى الإضاءة).

(شعاع نور يسدد ناحية المنصة، يكشف عن وجود الأم

بلباسها الأبيض ويديها الممدودتين وهي تهمس وتنظر ناحية اليسار: تعال!).

(الصوت القلق القادم من اليسار هو صوت آدم العجوز، يقول دون أن يكون مرئياً: أمي.. إنك عجوز!).

	الأم:	(همساً) إنه العمر!

	آدم:	العمر!.. العمر يأكل كل شيء.. حتى صورتك في دماغي.. إنك تصيرين مثلي.. عجوزاً مقبلة على الموت!

	الأم:	تعال.. بني!

	آدم:	الخوف.. أمي!

	الأم:	دعه يرحل.

	آدم:	لا أستطيع.

	الأم:	فكر بالأشجار.

	آدم:	حاولت ولكنني فشلت.

	الأم:	فكر في الأنهار والزهور.

	آدم:	الصحراء تغزو مخيلتي.

	الأم:	تخيل أنك محاط بسرب فراش أصفر، وإنه – وبقوة خفية – يدفعك نحوي!

آدم: أمي!

الأم: تعال..

(يدخل آدم العجوز والأصفاد تكبله، يمشي وينظر نحو الأم كالمسحور).

الأم: هيا.. اقترب أكثر..

آدم: إنني خائف!

الأم: لا تخف.

آدم: وبردان.

الأم: الشمس قادمة إليك.

(يعتلي آدم المنصة، تلف الأم المشنقة حول عنقه، يبكي).

(إطفاء)

(صمت)

(إنارة)

(الجميع متجمد كالتماثيل عدا آدم والشخصيات، الأم بين الجمهور وترتدي قبعة صفراء. فجأة – بعد أن يتأمل آدم المكان – تعود الحياة لهم، وتعم الفوضى).

الضابط: (عبر المكبر) هدوء! اهـدؤوا رجـاءً.. من فضلكم هدوء! (يلتفت إلى شرطي، يهمس) أين الحاكم؟ (بينما يهز الشرطي كتفيه يردد الناس كلمة: اشنقوه!) يا سادة يا سادة.. لا يمكن ذلك دون حضور الحاكم (لشرطي آخر) أين الحاكم؟ يا إلهي!

امرأة: (تتقدم) اغتصبت ابنتي أيها المجرم!

الأم: (تغضب وتصرخ) مغفلة كاذبة! (تقترب من المرأة وتصفعها. المرأة لا تشعر بالصفعة ولا بوجود الأم. تحك خدها وهي تتراجع) شيطان.. أنت شيطان!

(إطفاء)

(صمت)

(إنارة)

(الشعب، الضابط، الشرطة والعازفون، جميعهم متجمد كأنهـم تماثيل، بلا حركة أو صوت. الشـخصيات وآدم وحدهم من يفعلون ذلك).

(شعاع نور نحو آدم، وغيره نحو كل شخصية).

الأم: (لآدم العجوز) ما الذي تنتظره؟

آدم: كنت أنتظر الموت.

الأم: والآن؟

آدم: الآن لا أعرف.

الأم: افضحهم!

آدم: أنا؟

الأم: من غيرك يقدر على هذا؟ لم يعد عندك ما تخسره، إنك الوحيد الذي في يديه قوة تغيير الأشياء وقلبها.

آدم: ولكن..

الأم: (تتقدم، يلاحقها الشعاع) سيوهمونك، مستغلين ضعفك، ويقنعونك بأنك أنت من اقترف ذنوبهم.

العالم: (يتقدم، الشعاع يلاحقه؛ يحدث هذا لجميع الشخصيات) ولكنك ستؤدي دورك الأخير ببراعة لا يتوقعونها.

الراقصة: ستنبش ماضيهم.

ردينة: وتكشف أسرارهم أمام أعين الجميع.

القاتل: جميعهم مجرمون.

ردينة: الجميع مجرم ولكن على طريقته.

الأم: يدارون جرائمهم ويمثلون أدوار الملائكة.

القاتل: فقط لأنه ما من أحدهم يراهم.

النور: اصرخ بوجههم.. قل الحقيقة ولا تخف.

الأب: منذ وقت طويل وهم ينتظرون هذا.. ينتظرون أن يجدوا شخصاً يعلّقون عليه ذنوبهم وخطاياهم.

الأم: ولكنك الوحيد الذي يعرف الحقيقة. ستصير الأقوى.

الأب: أجل.. ستصير الأقوى.

آدم: ولم كل ذلك؟

النور: أنت من يبحث عن الحقيقة.. لا نحن!

آدم: كل هذا لأجل الحقيقة!

الأم: كل هذا. هل ترى؟

آدم: ولكنني خائف.

(آدم الطفل وآدم الشـاب، يتقدمـان بالطريقـة نفسـها ويتحدثان معاً).

الطفل والشاب: أنت لست خائفاً.

آدم: لستما في مكاني حتى تقررا.

الطفل والشاب: إن الذي تحسه ليس سوى وهم. فتّش، دقّق. حاول أن تتبين حقيقة أنك خائف أم لا.

آدم: (مشيراً إلى صدره) آه!

الطفل والشاب: هل ينبض بسرعة؟

آدم:		لا.

الطفل والشاب: فكر: كيف يشعر المرء حين يخاف؟

آدم:		أجل.. يشعر.. يشعر.. يشعر بالرغبة في الهرب.

الطفل والشاب: هل ترغب في الهرب؟

آدم:		لا. يا إلهي.. كيف لهذا أن يحدث؟

الطفل والشاب: إذاً، إن ما تشعر به ليس إلا وهماً. وهم راسخ فيك. وهم صدقته طوال سنين عمرك الفائت. لقد صدقت خوفك حتى في أشد لحظاتك طمأنينة وأماناً. وحان الوقت.. حان الوقت لكي تفهم هذا.

الأم:		ستقول لك هذه المجنونة بأنك اغتصبت ابنتها. ابنتها التي تنام الآن مع الحاكم، تغريه، وتؤخر قدومه الميمون.

الأب:		(ينظر ناحية الشرطة) فكر بعدد الموتى في السجون. أولئك الأبرياء الذين قُتلوا على أيدي من يصنعون موتك. هؤلاء الكفرة!

القاتل:		(مشيراً إلى الشعب) تأمل هذه الوجوه المتعبة التي أكل الفقر ملامحها.. جميعهم أجرموا.. كلهم جناة.. ولكن.. يا ويلي.. يبدون بريئين لدرجة أنني أكاد أصدق ذلك وأنا أطالعهم!

(صمت)

الأم: انظر لتلك البريئة (تشير إلى امرأة. تمشي نحوها) قتلت زوجها السكير وأخفت جثته (بينما تطبطب على وجهها تضحك ردينة) شطورة!

(صمت)

وذاك.. مات والده العجوز جوعاً بعد هجرانه له.

الراقصة: يا ويلي. كان وحيداً، مات وحيداً ولم يكتشفوا ذلك إلا عندما تآكل جلده وأصبحت الرائحة الخارجة من منزله لا تحتمل!

آدم: يكفي!

النور: لا. هذا لا يكفي. عليك أن تعرف.

ردينة: عليك أن تفهم بأنهم جميعاً يستحقون الشنق، وأنك الوحيد الذي يستحق الحياة.

آدم: ولكن.. أنا لا أريد..

الأب: (يقاطعه) قاوم. قاوم ولو للحظة. حقق انتصاراً واحداً قبل أن تذهب.

الطفل والشاب: حققه كي لا تُنسى.

الأم: فليكن انتصاراً بحجم كل الخسارات.

(صمت)

القاتل: أنت لست مجرد إنسان.. أنت رمز!

الأب: (ساخراً) صرنا رموزاً في آخرتنا!

النور: جميعنا رموز.

الطفل والشاب: أجل.. جميعنا أصبحنا رموزاً.

رديّنة: البشرية كلها ستتحول في يوم قريب.. إلى رمز.

(صمت)

الراقصة: هيا.. ما الذي تنتظره؟

الأم: فلتفعل ما نقوله لك.

الطفل والشاب: فلتفعله لكي تصير ملكهم وحاكمهم حتى بعد أن تموت.

النور: هيا.. هيا نحو المجد الأخير. نحو اللحظة التي تقول
        فيها..

(إطفاء)

(صمت)

(إنارة)

آدم: (فاتحاً ذراعيه كأنهما جناحان، وجهه للأعلى وفمه
        موشّى بابتسامة رقيقة. يصرخ كأنه ينتشي: أنا الحاكم!

227

(الجميع يشهق، ينظر نحو الجمهور بفزع ووجل، ثم إلى آدم، ينحنون بخشوع وبؤس. ينتفض الضابط، يسقط المكبر منه، ينحني ويقول: جلالتك!

وبينما يقوم العازفون بدورهم، يخطو آدم خطوة صغيرة فقط).

(إطفاء)

(صمت)

(إنارة)

(العرش صار ثلاثة. عليها يجلس آدم العجوز والشاب والطفل. الجميع خاشع والإذلال واضح على وجوههم المتعرقة. تنتصب على المنصة سبع مشانق تلتف حول أعناق الأم، النور، القاتل، الراقصة، العالم، ردينة والأب).

آدم العجوز: (مشيراً إلى المشانق) الآن!

(يعم الظلام في حين يُسمع صوت أخشاب تتكسر، وأجساد تُطلق آخر صرخاتها المكتومة. تعلو الموسيقى، يسمع صوت حفيف أشجار، مطر، وطفل ضاحك يركض).

خاتمة

المسرح فارغ تماماً إلا من الباب الذي يكشفه شعاع مسدد عليه. الباب في المنتصف. صمت قصير ثم صوت طرق على الباب، الطرق هادئ ومتقطع.. بعد ذلك ومن الأعلى: تسقط على الباب عشرات القبعات الصفراء. يتكرر الطرق، أمام الباب وعند الحافة، يسدد شعاع آخر، فتسقط، بالضبط عند الحافة:

قبعة صفراء.

قبعة صفراء مشتعلة.

(ســـــــتـــــار)

إهداء أخير

إلى أمل، عمّار، جعفر، سيدرا، يوسف، وأحمد علوش.

وإلـى روح: دريد جديـد ومحمد علوش وهاجـر العكيري، التي تهيم في مكانٍ ما وترى كيف أنّي ما زلتُ أستمرُ بكلّ الأشـياء التي بدأت بها.

الفهرس